L'espai intermedi

L'espai intermedi

Apreciacions entorn de l'art modern

J. F. Yvars

Proa la mirada estètica

Disseny de la col·lecció:
Ferran Cartes / Montse Plass

Reproducció de la coberta: Sense títol, gravat sobre paper,
Albert Ràfols-Casamada 2000

Primera edició: setembre del 2001

Drets exclusius d'aquesta edició:
ECSA
Diputació, 250
08007 Barcelona
e-mail: proa@grec.com
www.enciclopedia-catalana.com

ISBN: 84-8437-205-7
Dipòsit Legal: B. 33.724-2001
Fotocomposició: fet-B, SL
Impressió: ROMANYÀ/VALLS
Verdaguer, 1. Capellades (Barcelona)

Justificació

Les pàgines que vénen tot seguit reuneixen treballs d'una profunditat i una intenció diferents sobre l'art d'avui i entorn d'alguns problemes estètics de la recepció artística que, a parer meu, en justifiquen la unificació en un volum independent. Engloben l'última dècada i continuen el repàs de la nostra modernitat artística que vaig iniciar amb Modos de persuasión *el 1988, és a dir, al segle passat.*

Són aportacions amb un accent temporal ben marcat –si més no, delaten els interessos d'una ocasió determinada– però eludeixen dos models en voga en el relat artístic: l'escarit inventari erudit o historicista i l'assaig d'opinió, apologètic o desautoritzador segons els casos, que tot afermant-se dia rere dia fa les funcions de crítica. Són textos, doncs, amb una voluntat comprensiva centrats en moments d'art singulars que la globalitzadora societat de l'espectacle i l'oci urbà encara no han desnaturalitzat del tot. Publicats a l'atzar, generalment en catàlegs i revistes especialitzades, constitueixen, però, una aproximació a obres, artistes, moments d'art i fins i tot problemes d'interpretació històrica que, en rellegir-los, considero d'una actualitat renovada en vista de les dissonàncies capricioses que la literatura artística postmoderna s'entossudeix a fer seves. Del minimalisme metodològic amb una acceptació creixent al neopsicologisme de la percepció amb pretensions tecnològiques, o el retorn intempestiu de la vella història de gèneres. Com si Matisse, Kupka i Duchamp, per parlar de l'art històric, fossin seqüències intercanviables d'un etern univers de formes. Si els textos aconsegueixen una certa unitat de to i contingut, correspon al lector de qualificar-ne el resultat.

He extret el títol del llibre d'un capítol cardinal de la brillant reflexió de Kracauer sobre la història que li va ocupar els anys finals i que va publicar la universitat d'Oxford un cop mort l'autor. Per a l'oblidat de Frankfurt, d'afinitats electives tan nobles amb Walter Benjamin, la història omple l'espai intermedi entre la nova narració –literatura, al capdavall– i la ciència obstinada a transformar les dades empíriques en fets essencials per a la construcció d'un model analític. Un espai caracteritzat per la tensió cognitiva entre història i forma, en el cas de l'art, en el qual s'afirma la validesa d'unes dades subjectives –les obres d'art– en el relat difús i inaprehensible, però universals d'objectius i pretensions, que anomenem cultura visual contemporània. Quan, a més, les obres d'art tenen la seva història –l'evolució sensible de les formes en el temps– que poques vegades avança en harmonia amb la successió cronològica.

El 23 de juliol de 1849, Eugène Delacroix proposa en el seu Journal *allò que es podria entendre com una desautorització del formalisme: «La crítica artística, com en tantes altres coses, s'ofusca en el que ja s'ha dit i poques vegades obre els ulls... Aquesta famosa bellesa que els uns veuen en la línia serpentina, els altres, en la recta... sense sortir mai, però, de la línia. Per la meva finestra tan sols veig un paisatge molt bonic: la idea d'una línia no se m'acudeix mai.» Això no obstant... quan enlluernat pel paisatge de Rabat, el trasllada al llenç, Delacroix utilitza línies i taques de colors, sovint estridents, que es converteixen en un calidoscopi de sensacions que observen tot fantasiant aquest paisatge a partit de les maneres de l'art.*

En efecte, les obres d'art tenen un punt de casualitat. Sintetitzen una atzarosa coincidència de factors perceptius que va enllà de la inescrutable voluntat de l'artista. Cada obra d'art nova és com un còdol, una pedreta de la platja que l'artista llança amb força a aquest mar que és el temps. Generalment, s'enfonsen tan bon punt toquen l'aigua, i tan sols algunes vegades volen a flor de la superfície i tracen un gargot fugaç que desapareix amb el batec de les onades. Molt de tant en tant hi resta un petit deixant que dibuixa un motiu insòlit sobre l'aigua: aquesta és l'obra d'art. Algú convertirà en història dels signes aquella marca fortuïta amb prou feines entrevista.

En el capítol d'agraïments, haig de reconèixer el meu vell deute amb l'IVAM i la meva admiració per als qui l'han fet cada dia entre moments de bonança i tempestes. Dotze anys de convivència, esforç i il·lusió en una aventura inversemblant trama amistats i forja fidelitats i respectes que ultrapassen la simple admiració i esdevenen una categoria simbòlica: una utopia per al nostre temps aspre i desencisat. Aquest llibre està dedicat a tots ells. Amb un gest cordial.

J. F. YVARS
Londres, juny del mm

Arguments*

* *Argument*: raó o conjunt de raons donades amb la intenció de persuadir a altres. També *trama*.

Llegibilitat de l'historiador*

En una de les entrades del controvertit *Diari* primerenc de Wittgenstein –21 d'agost de 1914– llegim: «Quan sentim parlar un xinès ens sentim inclinats a pensar que només emet sorolls inarticulats. Ara bé, algú que sabés xinès ho reconeixeria com a *llenguatge*.» Els problemes de Schlosser per definir una noció d'estil que s'ajusti a les exigències comunicatives i formals del llenguatge, el fan assemblar a aquell aprenent d'intèrpret obstinat a articular uns sons incerts a partir d'una trama gramatical encara més insegura. La importància del tema –la coordinació lingüística de l'estil– i la pretensió de mantenir separades les diferents maneres del discurs artístic –formal, iconogràfic, cronològic– justifiquen de nou la lectura del vell text de Schlosser, una lliçó sobre les dificultats de *pensar l'art* vàlida encara avui, potser no tant pels detalls de la seva teoria, decididament històrics, sinó per la refinada i elegant elaboració dels seus desenvolupaments, encara avui francament suggestius.

E. H. Gombrich ha esbossat incisivament el perfil borrós del seu antic professor: «Escoltar les seves meditacions [...] no era sempre una amenitat, però era francament instructiu. Schlosser era un autèntic estudiós, si n'hi ha hagut mai, i la seva relació viva amb el passat –conservador del Kunsthistorisches Museum de Viena– li feia difícil acceptar que una generació més jove pogués haver complert la tercera i més complexa exigència de Vasari: explicar les causes i les arrels de l'art a través d'una ciència de l'art, d'una nova *Kunstwissenschaft*.»

* *Kalias. Revista de Arte*, núm. 5, abril del 1991. IVAM.

Format en el brillant decadentisme de la *Sezession* vienesa –Wickhoff, l'incòmode defensor de Klimt davant el filisteisme acadèmic, havia estat el seu mestre–, Schlosser va fer-se seu el lema del radicalisme modernista –«A cada època el seu art, a tot art la seva llibertat»– que constitueix la formulació més concisa de la nova concepció de la metodologia de la història de l'art que l'*Escola de Viena* i el *Warburg Institute* impulsaran després sense estridències al llarg de les dècades següents.

Les nocions de progrés i decadència ancorades en l'art clàssic –d'encuny declaradament spenglerià– aniran perdent la seva rutinària eficàcia metodològica en aquestes primeres dècades de segle, alhora que la polèmica sobre l'abast objectivitzant i cientifista de les *geisteswissenschaften* penetra en els estudis de teoria de l'art. La incapacitat dels vells sistemes historiogràfics –el biografisme acadèmic, el precedentisme i els últims vestigis d'un idealisme formalista totalitzador– que s'avenien malament amb l'anàlisi i l'explicació dels valors plàstics inèdits que justificaven i determinaven a vegades els nous fenòmens artístics, fortament condicionats, és veritat, per l'eclosió de les noves tecnologies que van marcar el *fin de siècle*. El contingut de ruptura dels moviments d'avantguarda, sorgits de les disfuncions del postimpressionisme d'empremta cezanniana, millor o pitjor dissimulades, demostren aquesta nova sensibilitat estètica.

Per altra banda, i en això Schlosser era un pioner lúcid, el formalisme que no escolta la història acaba en un manierisme de repertori, cosa que és una superestructura convencional buida de significat imaginatiu. La conversió del realisme il·lusionista en una recepta acadèmica i el manierisme en un pamflet efectista, i fins i tot en la pròpia cultura artística vienesa, la conversió del riquíssim visualisme simbolista en *motiv* decoratiu, havien de resultar-li evidències ben patents. En conseqüència, doncs, per Schlosser *comprendre* l'art és explicar històricament la seva estructura sintàctica i gramatical. «Tot art –escriu–, com tot llenguatge, és alguna cosa individualment determinada i irrepetible

[...] i la diferenciació entre l'expressió original i l'obra d'imitació del no artista constitueix un problema espinós per la història de l'art [...]. Ara bé, l'art, igual que el llenguatge, es pot considerar des de determinats objectius cientificopràctics i situar-los en una perspectiva diferent de la creativitat [...]. Fent abstracció d'allò que ell té precisament de determinat, de creació individual, es pot considerar l'art com la suma de tot allò restant, allò que en determinats períodes sembla comú a totes les obres d'expressió visual, tant bones o mediocres com decididament dolentes, tant originals com imitacions [...] Això constitueix allò que s'anomena *estil de l'època.*» *Die Kunst des Mittelalters,* 1923, pàg. 25 i següents.

Schlosser assimila amb una inhabitual sensibilitat la qualificació del vell Conze que feia de l'art un «parlar en forma visible» i es plega rigorosament a la sistematització expressionista de Benedetto Croce, a qui, a més, va traduir amb fervor l'alemany: l'estilística com a ciència general del llenguatge i, en conseqüència, la teoria de l'expressió artística com a forma primera de «l'esperit teòric» autònoma del tot respecte a «l'activitat lògica, pràctica i eticoeconòmica». L'estètica crociana i la lingüística de Vossler fonamenten el projecte de Schlosser quan arriba el moment de proposar una interpretació contemporània de la cultura imaginativa. De Croce pren el convenciment que l'art constitueix en última instància l'expressió visual d'una individualitat particular i única; de Karl Vossler procedeix la idea del llenguatge com a fenomen social, ja que es manifesta en una situació temporal determinada i arriba d'aquesta manera a una validesa comunicativa general.

Si la *història de l'art sense noms* proposada per Wölfflin com a nou marc conceptual tendia plausiblement a evitar l'anecdotisme positivista en el qual havia derivat el model clàssic, també cal precisar que la nova conceptualització idealista crociana naixia llastada per l'enunciat sense sentit de pretendre verbalitzar les qualitats visuals de l'objecte artístic. Gombrich va subratllar anys enrere (el 1963) la *paradoxa* de Schlosser: si considerem cada obra d'art com una expressió individual incommensurable, quines eines conceptuals tindrà l'historiador per *copsar* aquesta insularitat elusiva de l'obra concreta quan es manifesta incrustada en el seu idioma artístic? L'atenció continuada de Schlosser als períodes incerts en l'evolució dels estils, la preocupació per historiar dignament les preteses arts menors i perifèriques i, especialment, la seva insatisfacció metodològica per la noció de *decadència* artística, denoten la persistència d'aquesta tensió teòrica en la seva investigació historiogràfica.

Intèrpret ortodox de la teorització estètica crociana –la gran revelació intel·lectual de la seva vida, segons confessió pròpia–, Schlosser considera l'art com a *expressió* intuïtiva d'allò individual, però entenent paradoxalment la intuïció com un efecte sensible que es transforma en imatge visual. A més, en les obres d'art contingut i forma s'identifiquen fins al punt de donar origen a noves polaritzacions radicals: la intuïció és també expressió, en tant que el contingut és en si mateix forma. La intuïció estètica fa abstracció de judici d'existència per orientar-se a través d'unes imatges que precedeixen allò real i irreal i que s'estableixen en qualitat de representacions pures o *ideals*. Aquí, en efecte, es manifesta obertament aquest antiformalisme crocià que reprovava als teòrics de la *pura visibilitat* la seva incapacitat per superar una interpretació «abstracta i buida» de la forma i la seva voluntària ceguesa per assimilar l'aspecte líric essencial de l'obra artística: la transformació del contingut.

Amb tot, la crítica formalista de l'idealisme estètic havia d'incidir amb força en una personalitat tan sensible pel fet artístic concret com Schlosser, que confessava en els seus últims anys: «Com a historiadors som *teòrics* però també *escèptics*, i això particularment en el bonic significat etimològic dels dos termes, que volen dir *mirar*.» La intuïció necessita el signe plàstic per arribar a la seva identificació visual. Les taques cromàtiques, els apunts informals, els gargots inconscients constitueixen el suport ineludible per a la individualització plàstica de l'expressió, que només s'aconsegueix mitjançant el signe: figures o paraules.

Ara bé, arribats a aquest plantejament, el tema derivaria cap a les maneres de simbolitzar específiques de l'art, problema esmunyedís que no és del moment. Encara que potser convingui assenyalar que, en la pràctica historiogràfica de Schlosser, la presència de Croce la va mantenir sempre en guàrdia davant la sobrevaloració del coneixement artístic tan abusivament exercida pels historiadors del positivisme tardà. El llenguatge d'una obra d'art, insistia Schlosser a *L'art medieval*, cal aprendre'l, i això es duu a terme, amb trama històrica o sense, orientant la investigació no cap a allò individual i concret, sinó cap a allò abstracte i genèric obtingut mitjançant el procediment convencional a partir, i només a partir, d'allò concret individual.

El que per ara convé de fer notar és que Schlosser és agudament conscient que en les obres d'art el mitjà que les constitueix materialment queda modificat per una doble consciència: dels qui la *fan* i dels qui la *valoren*. Perquè les obres d'obra d'art són objectes físics, sense cap mena de dubte, però també resultats imaginatius que expressen emocions, sentiments que manifesten sensiblement. Encara que, ben mirat, que l'ús inicial del llenguatge sigui, amb tota probabilitat, emotiu tampoc no ens eximeix de l'anàlisi de les funcions descriptives del llenguatge artístic, i menys de les seves objectivacions a través de l'estil.

Aquest és el nucli d'inquietuds que van singularitzar les fonamentals aportacions de Schlosser a la *ciència de l'art* i que expliquen també, en suficient amplitud, l'aïllament intel·lectual que el caracteritza en tota la seva vida, però que avui el converteixen en un pioner d'aquells que Podro ha anomenat *historiadors crítics de l'art*. Els objectes d'art són reals en tant que construccions imaginàries, diu Schlosser, però a més aspiren a significar alguna cosa, per això estan obligats a identificar-se amb un transmissor sensorial que senzillament podem codificar lingüísticament. Una vella voluntat tal vegada de les complexes exigències estilístiques de la lectura de Croce. A Karl Vossler, a la dedicatòria que obre *Die Kunstliteratur,* li recorda: «A diferència de molts col·legues nostres, ni vostè ni jo hem volgut oblidar mai l'aprenentatge en facultats *filosòfiques*, encara que també proveníem d'aquella generació empiricopositivista que creia, ingènua i grollera, poder prescindir de la crítica.»

Per damunt del seu presumpte menyspreu envers tot allò contemporani –«amb Goya acaba l'art» és una altra de les sortides apòcrifes que se li van imputar en l'afany de donar testimoni del seu arqueologisme–, l'objectiu metodològic de *comprendre sense jutjar* fa de Schlosser potser el més actual dels historiadors de l'art d'aquella escola vienesa de la qual fou l'últim representant.

La formació de la historiografia*

Introducció

L'estat de perplexitat en què aparentment es troba en l'actualitat el discurs estètic en general té, segurament, la seva manifestació més punyent en la crisi de la historiografia de l'art. Al llarg de la dècada dels vuitanta, en un context dominat, a més, per una evident tendència cap als retorns i els *neonismes*, han estat contribucions com les de Fischer (*L'histoire de l'art est terminée*), Belting (*Das Ende der Kunstgeschichte?*) o Preziosi (*Rethinking Art History*) les que han imposat a la disciplina un to plenament revisionista. Fins i tot quan els seus respectius punts de vista no coincideixen plenament, en tots ells es fa patent la consciència d'un límit, en tots s'aixeca l'acta de la impossibilitat de prosseguir el camí que la historiografia de l'art ha seguit, decidida i imparable, des de la seva constitució com a disciplina autònoma a l'alba de la modernitat.

Per descomptat, no és difícil reconèixer en aquesta crisi un epifenomen més de l'anomenada condició postmoderna. Però precisament per això, convindria no deixar-se portar massa aviat per actituds apocalíptiques de contrastada esterilitat. Serà millor, ben al contrari, considerar amb serenitat el problema i situar-lo en un context menys dramàtic: ni té sentit certificar l'acabament definitiu de cap cristal·lització d'esperit, com si ens trobéssim a les portes del judici final i nosaltres, juntament amb Fischer, fóssim els auxiliars del jutge suprem, ni tampoc ha de servir-nos de molt

* *Historia de las ideas estéticas y las teorías artísticas contemporáneas.* I (v. Bozal, ed.), Madrid, Visor, 1996.

confiar en el pròxim adveniment d'una nova era historiogràfica de possibilitats limitades, com la que en algun moment sembla que somiïn Belting o Preziosi.

En realitat, les perplexitats bàsiques de la historiografia de l'art s'articulen avui entorn d'un parell de grans problemes. El primer és el que podríem anomenar «dilema de les dues històries». El segon és el que deriva de la sospitosa proliferació metodològica que caracteritza aquesta disciplina. La qüestió de les «dues històries» no és sinó un de tants resultats del trencament que es va produir en la tradició artística amb la irrupció de la consciència moderna i, sobretot, de l'avantguarda. D'aquest particular encreuament, segurament sense equivalent en altres àmbits de la cultura, derivaria la ulterior escissió entre una historiografia «acadèmica» orientada cap a l'art del passat (diguem, fins a l'impressionisme) i, per altra banda, una incipient historiografia d'un caràcter més «crític» i més compromesa amb les heterogènies exigències teorètiques plantejades per l'art del present.

Pel que fa a tot això, és evident que la interpretació dels motius iconològics presents en una obra de Botticelli demana un tractament distint del que s'espera trobar, posem per cas, en una monografia sobre Malèvitx. Ara bé, només cal donar-li una altra volta de rosca al problema perquè aquestes diferències aparentment decisives es revelin com a accidentals. De fet, en principi, fins i tot podem pensar que aquesta diversitat no tindria perquè afectar tant el *methodos* en si mateix, sinó més les *tècniques* concretes que en cada cas particular es presenten com les més aconsellables. D'aquesta manera, el dilema de «les dues històries» podria quedar remès a la qüestió d'aquesta pluralitat metodològica per la qual les dues es veuen igualment determinades.

Quant a la segona font de les actuals perplexitats historiogràfiques, la representada per la irreprimible multiplicitat de metodologies en conflicte, no deixa de ser curiós que encara pugui seguir funcionant com a pedra d'escàndol entre els especialistes. En efecte, això podria ser considerat com un símptoma d'un candor epistemològic tan commovedor com lleugerament il·lícit en els nostres dies. És cert que la concurrència de mètodes historiogràfics oposats i fins i tot excloents no pot quedar dissolta en una perspectiva consoladora, ecumènica, en la qual s'amagués el fet que aquesta diversitat (a diferència de la que es plantejava entre «les dues històries») implica una discrepància bàsica quant a l'autèntic objecte d'estudi: els diferents mètodes disponibles no se'ns apareixen només com a tantes altres formes alternatives d'aproximació a un mateix fenomen artístic prèviament determinat, sinó com a transsumptes de concepcions contradictòries sobre què és l'art i què és el que s'hi ha de buscar.

En realitat, aquesta proliferació de teories és un dels trets distintius que, segons afirmava Kuhn, haurien de servir-nos per identificar els períodes de crisi dels «paradigmes» que delimiten el treball científic «normal», les fases «revolucionàries» o fins i tot els estats previs al naixement d'una ciència com a tal. Ara bé, aquesta absència de consens entorn d'un únic «paradigma» ha estat des de sempre la circumstància que, de manera característica, ha instal·lat en una crisi permanent no sols la historiografia de l'art, sinó totes les anomenades «ciències humanes», almenys en aquells aspectes o territoris menys acomodats a les perspectives naturalistes, empiristes i fins –*horribile dictu*– «positivistes». De fet, és en l'àmbit de la historiografia de l'art on aquestes incerteses metodològiques susciten (en un context, a part d'això, majoritàriament serè i ja ben consolidat en una certa impertorbabilitat acadèmica) les reaccions més exagerades i les declaracions més apocalíptiques. Però això té, finalment, el seu *fundamentum in re*. Ja que és justament la insensibilitat de l'art dels nostres dies, que es projecta com una ombra sobre l'art del passat, la que afavoreix unes tals actituds.

Potser l'anhelada síntesi de «les dues històries», només aparentment sabotejada per la proliferació contemporània d'historiografies alternatives, ha de buscar la seva pròpia ubicació en un marc una mica més ample que el constituït pel ben intencionat, però sens dubte insuficient, autoqüestionament disciplinar permanent. De fet, l'inconvenient consisteix en això: que tot debat d'ordre metodològic, i molt particularment en el domini de les ciències humanes, acaba involucrant problemes epistemològics per als quals ni tan sols s'han trobat solucions en el context de la mateixa filosofia. Així doncs, centrar la discussió en el caràcter o estatut científic de la historiografia de l'art és avui menys fecund del que podria semblar: és com embarcar-se en un viatge filosòfic per al qual només queden places a la classe turista. Ara bé, ja que sembla necessari fer aquest viatge, per què no reservar un passatge de primera classe? És a dir: per què no vincular obertament i conseqüentment aquests problemes epistemològics, tantes vegades associats a concepcions ètiques o polítiques, amb els de la filosofia de la història i, en definitiva, amb els de l'estètica filosòfica?

Així les coses, potser cal aventurar que l'orientació més adequada i menys excloent seria aquella que considerés la historiografia de l'art (igual que les restants ciències humanes en les seves dimensions inassimilables als mètodes habituals de les ciències de la naturalesa) amb la perspectiva d'un interès pràctic i no sols teòric, on allò fonamental no fos sols l'increment del coneixement objectiu, sinó també, i de manera prioritària, l'enriquiment de la nostra experiència; no tant la proposició de noves hipòtesis explicatives amb vocació de definitives, sinó sobretot la formulació de noves interpretacions provisòries; no sols o no tant la il·luminació de l'objecte, sinó la transformació del subjecte.

Prehistòria de la historiografia de l'art

Si la historiografia de l'art pot ser raonablement entesa com una tasca hermenèutica, més o menys una cosa similar caldria dir de tot examen de la seva pròpia evolució. Ara bé, una interpretació de la història de la historiografia de l'art hauria de començar per un comentari sobre aquells mons premoderns on lentament es va constituir la consciència que només amb Winckelmann, ja al segle XVIII, cristal·litzaria en una disciplina autònoma.

En efecte, gairebé no cal recordar aquí la falta d'autèntica perspectiva històrica que va caracteritzar la cultura de l'antiguitat. Això, però, no va impedir la transmissió escrita de certs *memorabilia* entre els quals també es van explicar anècdotes i gestes d'alguns artistes famosos, juntament amb els primers informes i *ekphrasis* de les seves obres. Referències d'aquesta índole existien, per exemple, en els textos de Xenòcrates (Bernhard Schweitzer el qualificaria com el pare de la historiografia de l'art), Duris de Samos o Pausànies, així com en la *Historia Naturalis* de Plini el Vell. Però és dubtós que el valor estrictament historiogràfic de les contribucions esmentades superi el seu interès filològic.

Pel que fa a l'edat mitjana, com tothom sap, el panorama no resultaria gaire diferent. És cert que es va escriure bastant sobre problemes estètics i sobre art, però mai en una perspectiva històrica. A l'home medieval, molt més sensat del que a vegades se suposa, res no podia resultar-li més alliè i absurd que la concepció de l'art com una cosa proveïda d'un sentit immanent i d'un desenvolupament autònom, condicions prèvies indefugibles en tota consideració d'ordre historiogràfic. En conseqüència, juntament amb llegendes, guies per a pelegrins i hagiografies (també llavors algun artista va ser venerat com un sant), el que també s'ha conservat són cròniques i, sobretot, una bona quantitat d'inventaris de tresors eclesiàstics.

Cal esperar pràcticament fins a Dant, que va escriure sobre Cimabue i Giotto, i Bocaccio, que ho va fer sobre el mateix Dant, per trobar els primers indicis d'aquesta tradició de recopilacions de biografies d'artistes sobre la qual es construiria, ja al segle XVI, el model historiogràfic de Giorgio Vasari. De fet, ja a partir del començament del segle XV es va fer habitual incloure els artistes en els elencs d'*homes il·lustres*, com el que va redactar el florentí Filippo Villani en exaltació de les glòries de la seva ciutat, o el més internacional de Bartolomeo Facio, on apareixen les primeres notícies dels pintors holandesos. En tot cas –i a part de Ghiberti, els sobris *Comentarii* historicoartístics del qual van romandre en l'oblit fins als temps recents–, entre els predecessors de Vasari es podria esmentar Cristoforo Landino, a qui devem una espècie de catàleg raonat d'artistes florentins eminents apareguts el 1481; o els respectius autors, desconeguts, del *Llibre d'Antonio Billi* i de l'*Anònim Magliabechiano,* Giovanni Battista Gelli (*Vite*), sobretot, a qui el mateix Vasari atribueix al mèrit d'haver-lo animat a redactar allò que serien les cèlebres *Vite.*

De fet, l'originalitat de la contribució de Vasari, la que li ha valgut el títol de «pare fundador» de la història de l'art, resideix sobretot en el seu esforç d'articulació –que no sistematització– dels abundants materials de què disposa. La primera versió de les *Vite,* del 1550, va ser el producte de quasi deu anys de treball, d'investigació i de recopilació de dades obtingudes en viatges per tot Itàlia; Vasari es va fer fins i tot una col·lecció de dibuixos –el seu *libro de'disegni*– de centenars d'obres degudes a desenes d'artistes, la qual cosa li va permetre reduir la dependència respecte a la impressió immediata i la memòria, desplegar el seu text a partir d'un nivell de reflexió fins aleshores desconegut. Les *Vite* no són ja un simple elenc de biografies juxtaposades acompanyades d'un catàleg d'obres. Al contrari, el que destaca de l'edició del 1550 és precisament la claredat de la seva arquitectura, la relativa coherència d'un ordenament intern que, per desgràcia, se n'aniria en orris amb els nombrosos afegitons introduïts en l'edició del 1568.

Això no obstant, seria un error atribuir a Vasari una intencionalitat científica en el sentit modern del terme. El model de Vasari és la història com a *magistra vitae.* El seu interès no és estrictament teòric, sinó pràctic; la seva actitud és més aviat pedagògica i moralitzant, producte, com ha suggerit Schlosser, d'un compromís entre la visió pagana de la història, pessimista, i la visió cristiana, en el marc de la qual es podia pensar en un estat de gràcia restaurada. En aquest sentit s'ha d'entendre la seva tendència mitologitzant i glorificadora, l'èmfasi en els aspectes heroics, en l'exemplaritat de les vides en connexió amb les obres, així com les ocasionals inexactituds i inconsistències que no entelen, però, ni la seva agilitat narrativa ni la considerable agudesa crítica de les seves observacions. De fet, com ha assenyalat Germain Bazin, Vasari va crear «no una nova ciència, sinó un nou gènere literari, [...] no la història de l'art, sinó la novel·la de la història de l'art».

D'altra banda, l'estructura general del llibre és coneguda. Vasari l'anuncia ja en el prefaci dedicat a l'art de l'antiguitat, el desenvolupament del qual descriu segons el model del curs vital: la infància inexperta i titubejant (Egipte), la joventut plena de força expansiva (Grècia) i la maduresa on suposadament s'arriba a la perfecció (Roma), i després de la qual no s'ha d'esperar res més que la decadència. Aquesta idealització de l'art romà enfront del grec, que el manierista Vasari veia seduït pel principi de la imitació immediata de la naturalesa, no seria corregida fins a Winckelmann. En tot cas, la decadència de Roma hauria donat lloc a un llarg període de «barbàrie» dominat per la *maniera tedesca* –el gòtic– a l'Occident i la *maniera greca* –bizantina– a l'Orient. Fins al segle XIV no irromp la *maniera moderna* amb la seva «*restaurazione delle arti e per dire meglio rinascità*», una espècie de tornada a la vida, moment en què es fa possible recuperar el ritme natural que Vasari atribueix a l'art: una nova infància (Cimabue, els Pisano, Giotto, Arnolfo), una florida joventut (Della Quercia, Masaccio, Donatello, Ghiberti, Brunelleschi) caracteritzada per l'estudi i els descobriments tècnics (anatomia, perspectiva) si bé que encara rígida i amb falta d'unitat, determinada com una *maniera secca*, per finalment, ja al segle XVI, desembocar en la que havia de ser la *perfetta maniera* (Giorgione, Ticià, Andrea del Sarto, Fra Bartolomeo i, naturalment, la trinitat suprema: Leonardo, Rafael i Miquel Àngel).

Ens podem preguntar quins pronòstics es derivaven de tot allò per a l'art del futur. De fet, un cop tancat el camí cap a la perfecció, presumptivament a causa de l'obra de Miquel Àngel, només restava la seva explotació manierista. Així com quedava també, per cert, la preservació d'allò aconseguit enfront de la possibilitat d'una recaiguda en la barbàrie. A aquest propòsit, l'instrument que Vasari va concebre va ser la consagració de l'artista *docte* a través de l'organització acadèmica: ja el 1563 van ser presentats els estatuts de l'*Accademia del disegno* de Florència, que havia de servir de model a tantes obres institucionals anàlogues en funció de les quals es va determinar el destí de les *belles arts* durant segles.

D'altra banda, és comprensible que la influència del llibre de Vasari es fes evident en quasi tots els textos sobre art que el van seguir, almenys fins a la irrupció de Winckelmann. El model biogràfic, si bé ja desproveït de la seva articulació originària, va ser adoptat de manera quasi universal: Bellori, Baldinucci, Passeri, Van Mander, Houbraken, Pacheco, Palomino, fins i tot Félibien o De Piles, per citar només alguns dels més rellevants, així ho feren. Altres, com Dolce, Lomazzo o Zuccari, van introduir els seus comentaris historiogràfics al fil d'un discurs d'ordre fonamentalment crític o teorètic. Fins el 1698, lluny ja de la perspectiva glorificadora dels homes il·lustres de cada ciutat o país, no va aparèixer la primera *Histoire des arts qui ont rapport avec le desin*, de Pierre Monier.

Il·lustració i romanticisme

Com és obvi, la historiografia de l'art no podia cristal·litzar com a disciplina autònoma a falta d'una consciència històrica mínimament madura. No és gaire evident –diguem-ho de passada– que aquesta consciència existís de manera generalitzada en l'anomenat segle de les llums, però no hem de dubtar que sí que havia canviat alguna cosa. De fet, la Il·lustració va portar, entre altres coses, una atmosfera regeneracionista en virtut de la qual es va fer possible defensar una certa sensatesa, una visió tendencialment objectivista de les coses on es va imposar una prevenció patent davant dels excessos del rococó. L'especialització científica i la nova erudició, la cultura filosòfica nascuda sota l'advocació del racionalisme i també de l'empirisme, tot això va portar a un replantejament de l'antiguitat clàssica i no clàssica i, en conseqüència, a una concepció de la història diferent i més matisada.

De fet, va ser una perspectiva honestament erudita, sintètica, en molts casos vinculada a la catalogació i conservació de grans col·leccions d'art, la que es va imposar al segle XVIII a partir dels treballs de gent com Pierre-Jean Mariette, Séroux d'Angincourt, Francesco Milizia, Luigi Lanzi o Christian Ludwig von Hagedorn. El cas del comte de Caylus és un cas singular, però també un excel·lent exemple de les noves actituds intel·lectuals. El comte, que a més posseïa els títols de marquès d'Esternay i baró de Brancas, entre d'altres, va tornar de les seves campanyes colonials convertit en arqueòleg. Va fundar una espècie de club on es donaven cita els més afamats *philosophes* de París; no es va estar de redactar alguna que altra peça *badine* de caràcter eròtic, però la seva millor aportació va ser el *Recueil d'antiquités égyptiennes, étrusques, grecques et romaines* (1757-1767), set volums il·lustrats sense calat teorètic, però lluny ja de les orientacions biogràfiques i les *querelles* que fins al moment havien dominat la literatura artística.

Però, com és prou conegut, va ser Johan Joachim Winckelmann qui es va atrevir a donar el pas decisiu. La porta per la qual es va introduir en l'art va ser la que se li va obrir gràcies al seu amor per l'antiguitat clàssica. Entre biblioteques, gabinets d'antiguitats i galeries privades a Dresde i Roma, primer sota la tutela d'Adam Friedrich Oeser i més tard, ja a Itàlia, en estret contacte amb el seu amic Anton Raphael Mengs, Winckelmann es va aferrar a un neoclassicisme radical des del qual no va cessar de combatre el gust presumptivament degenerat pels excessos del rococó. Les *Reflexions sobre la imitació de l'art grec en la pintura i l'escultura*, del 1775, constituïen tota una declaració de principis sobre l'«essència» de l'art veritable, aquell «ideal» insuperable que creia reconèixer en la «noble senzillesa i serena grandesa» de la millor escultura clàssica, la bellesa de la qual, lluny de servir a la mera «delectació de la vista», era considerada per Winckelmann una autèntica expressió de l'absolut.

Enlluernat pels tresors a què va poder accedir a Itàlia, Winckelmann va editar alguns treballs en clau erudita i arqueològica (per exemple, *Monumenti antichi inediti,* 1767). Però la seva aportació fonamental va ser, sens dubte, la cèlebre *Història de l'art de l'antiguitat,* del 1764. Amb raó aquest llibre sol qualificar-se com l'autèntic text fundacional de la historiografia de l'art. Per primera vegada trobem una concepció de l'art com si fos alguna cosa dotada de vida pròpia, «com un tot orgànic, com un autèntic individu» (A. W. Schlegel), caracteritzat per un desplegament autònom conscientment descrit al marge de les anècdotes biogràfiques dels artistes. De fet, el que Winckelmann es proposa és una consideració de l'art «segons la seva essència». Descarta, per prematur i mal fet, l'art dels egipcis, perses i etruscos, i atribueix el triomf de la cultura i de l'art grec a factors climàtics i geogràfics. En aquest context distingeix quatre períodes: un «més antic», de formació; un segon període «sublim», el de l'època de Fídies; un tercer, culminant, el de l'estil «bell» o «graciós», elegant i refinat, que aniria des de Praxíteles fins a Apel·les; i, per fi, un període de decadència dominat per «l'estil imitatiu».

L'èxit del llibre de Winckelmann va ser immediat i extraordinari. Quasi tots els seus contemporanis més il·lustres el van celebrar com una obra mestra. No cal recordar fins a quin punt la seva visió idealitzada del món grec impregnaria la cultura del seu temps, i no sols a Alemanya. Però també sembla evident la contradicció que així es plantejava: la idealització de l'antiguitat clàssica quant al lloc on es manifestaria «l'essència» d'allò bell, en la seva perfecció insuperable, no podia conduir enlloc més que a una concepció pessimista de la història des de la qual s'articularia el romanticisme. Així, la suposada «pàtria» de la bellesa havia d'experimentar-se en endavant com un àmbit definitivament inabastable des de la condició escindida de la modernitat.

Aquesta seria l'actitud predominant al llarg de l'època romàntica. En efecte, l'admiració general de l'obra de Winckelmann no va impedir que les generacions immediatament posteriors s'inclinessin cap a una historiografia més complexa, una visió determinada per una nova valoració de l'art cristià i oriental, és a dir, per una recuperació dels models no clàssics. Així va succeir a les Illes Britàniques des del sorgiment de la novel·la històrica, amb Walpole i Scott, fins al *revivalisme* de John Ruskin. Un moviment semblant el podem trobar a França, des de Chateaubriand fins a Viollet-le-Duc, passant per Hugo. Pel que fa a la cultura alemanya, el desplegament del panorama romàntic va tenir lloc, en gran part en un explícit diàleg i confrontació directa amb les propostes winckelmannianes: Wilhelm Heinse, Wackenroder, Herder, els germans Schlegel, Boisserée, el *natzarè* Passavant i fins Goethe, un dels primers glorificadors del gòtic, però igualment defensor del classicisme i comentarista de Winckelmann, tots ells van contribuir decisivament al desenvolupament de la concepció de la modernitat i de l'art, les conseqüències de les quals es van deixar sentir, d'una manera o d'una altra, fins a la irrupció dels plantejaments formalistes de l'escola de Viena.

Mentrestant, Hegel havia formulat ja una visió sistemàtica en la qual quedava integrada la filosofia de la història amb la de l'art. En efecte, de les seves *Lliçons d'estètica* podia derivar-se'n un model historiogràfic d'extraordinària potència, encara que, sens dubte, molt allunyat de tota perspectiva empírica i, per tant, de discutible utilitat a l'hora d'articular els elements particulars o interpretar les obres individuals. La visió de l'art com a «manifestació sensible de la idea» deixava poc espai per a una història autònoma de l'art, de tal manera que fos possible contemplar-lo no sols com una representació de l'esperit universal, sinó com una instància particular i concreta, com un producte específicament humà participant de la vida social, moral i religiosa de determinats col·lectius.

Aquesta era la posició que defensava Karl Friedrich von Rumohr, en polèmica amb Hegel, a partir de les seves *Italienische Forschungen*, publicades el 1827. Rumohr, personatge singular i polifacètic a qui es deu fins i tot un llibre sobre cuina, sol ser considerat un dels màxims defensors de la investigació històrica basada en l'examen crític de les fonts. El mateix Hegel li hauria retret la concepció empirista de l'art, la fixació en els efectes subjectius irreductibles al concepte. De fet, va ser la seva resistència davant l'apriorisme idealista el que el va convertir en un punt de referència de l'escola historicoartística de Berlín: Franz Hugler, mestre de Burckhardt, com també G. F. Waagen i fins Carl Schnaase, van tractar de conciliar les exigències universalistes del pensament hegelià amb una perspectiva oberta i tolerant, desproveïda de les seves rigideses més òbvies. Pel que fa a tot això, la millor il·lustració la trobem en l'obra de Schnaase: en lloc de buscar la totalitat històrica en forma de sistema tancat, el que proposava era considerar cada moment de la història, passada o present, una instància singular amb vista a una il·luminació mútua, progressivament canviant, de les diferents maneres d'entendre l'art.

Historicisme, connoisseurship. *L'escola de Viena*

A mitjan segle XIX la historiografia de l'art semblava ja una disciplina relativament ben consolidada i més o menys autònoma. Una qüestió diferent era –i, com sabem, encara ho és– el seu veritable estatus com a «ciència». En tot cas, l'emblema d'aquella situació el podem reconèixer en el treball de Jakob Burckhardt. No és casual que fos deixeble de Kugler i mestre de Wölfflin, admirador d'Eugène Fromentin (crític d'art emotivista i apassionat, enemic de tot *mètode*, autor de *Les maîtres d'autrefois*, aparegut l'any 1875) i respectuós envers Anton Springer (objectivista ben intencionat, convençut del futur de la historiografia de l'art com a ciència). A Burckhardt es deu l'obra més pròxima a la síntesi que es buscava per aquelles èpoques: la historiografia de l'art com a part fonamental de la història de la cultura, la visió de les arts plàstiques com a peça bàsica en el desplegament de l'esperit. El que s'imposava d'aquesta manera era el liberalisme historiogràfic, l'actitud més apropiada per a una època de transició. Burckhardt: la disciplina historicista (*L'era de Constantí el Gran*, 1852) i fer l'ullet al viatger cultural, que no era altre que el gran burgès feliçment ociós (*Der Cicerone*, 1853, tan celebrat per Nietzsche), juntament amb la monumental afirmació de l'humanisme (*La cultura del Renaixement a Itàlia*, 1860).

En aquells temps, durant el període comprès entre mitjan segle XIX i la primera dècada del XX, una presumpta «ciència» només podia fer-se valer en la mesura en què aparentés distanciar-se de l'especulació filosòfica i, per tant, de l'idealisme sistemàtic. Aquest va ser el moment d'Hippolyte Taine, famós pel seu interès pel *milieu* del qual naixerien totes les coses, i de Gottfried Semper, orientat cap als materials; va ser l'època de Giovanni Battista Cavalcaselle i de Joseph Crowe, els dos defensors d'una historiografia de caràcter descriptiu, antimetafísic; la de divulgadors a l'estil de Gottfried Kinkel, de biògrafs d'artistes, com Hermann Grimm (Rafael), Carl Justi (Velázquez) o Carl Neumann (Rembrandt); i la d'assagistes refinats, com els germans Goncourt, Walter Pater, a qui encara es deu la rehabilitació de Botticelli, o Julius Meier-Graefe, un dels primers a connectar la historiografia de l'art amb els problemes estètics contemporanis.

Aquella segona meitat de segle va ser també l'època de Giovanni Morelli, aquell irrepetible personatge a qui es deu alguns èxits en el camp de l'atribucionisme, i a qui és habitual relacionar amb Freud a causa de la seva hipòtesi que la mà de l'artista s'havia de reconèixer, sobretot, en els detalls secundaris, en les configuracions rutinàries on la consciència de l'autor es relaxa, com ara en les representacions de les orelles o les mans de les figures. Però el cas és que Morelli no va tenir una acceptació unànime. Alguns dels historiadors contemporanis li retreien la relativa pobresa del seu punt de vista. De fet, Morelli no es veia a si mateix com un historiador de l'art en sentit estricte, amb totes les seves implicacions estètiques i hermenèutiques, sinó més aviat com el descobridor d'una tècnica objectiva de catalogació destinada a solucionar els nombrosos errors d'atribució sobre els quals s'erigien les teories dels historiadors. En tot cas, l'actitud de Morelli va resultar determinant en la consagració d'aquesta curiosa categoria intel·lectual que constitueix l'anomenada *connoisseurship*: la condició d'«expert» en art, lliure de tot compromís acadèmic, però basat en l'experiència pròpia, en la familiaritat amb les mateixes obres i en un refinat, inefable, presumptivament infatigable «ull crític». El quasi llegendari Bernhard Berenson, des de la seva elegant vil·la florentina (*I Tatti*), esdevindria després el representant principal d'aquesta figura ambivalent, a meitat de camí entre el diletant, l'assagista, el crític d'art, l'historiador i, en el cas de Berenson, l'*adviser* en matèria de compres. Aquesta actitud va ser desenvolupada també a Itàlia, fins al virtuosisme, per obra de Roberto Longhi o de Corrado Ricci. Però va ser Max J. Friedländer, autor de la monumental *Història de la pintura holandesa dels segles XV i XVI* (1924-1957), qui explicitaria els principis de la *connoisseurship* a *Der Kunstkenner Echt und Unecht* (1929) i a *Von Kunst und Kennersehaft* (1946): «Veure no és patir, sinó fer, és una acció de l'esperit i de l'ànima»; de fet, va escriure: «El veritable coneixedor no es limita a la contemplació pura, sinó que, a la seva manera i en un sentit espiritual, participa activament de la creació i, en certa manera, pràctica de l'art.» Curiosament els esforços analítics de Morelli havien desembocat en una concepció intuïcionista on l'important no era ja el detall inopinat i l'atribució conseqüent, sinó la facultat de «participació» immediata i la «impressió de conjunt» de l'obra.

Amb tot, el punt d'inflexió d'on cobraria el seu impuls la historiografia artística del segle XX va ser, sens dubte, el representat per l'escola de Viena. Allà, en una capital convertida en l'escenari on xocaven les restes imperials de l'antic règim amb els indicis radicals de la modernitat, la cultura estètica i la reflexió històrica, l'interès científic i la perspectiva crítica van trobar el camp idoni on assajar una última síntesi, una visió global encara que no necessàriament sistemàtica, de l'art. Aquest treball va ser iniciat per uns quants pioners: G. A. von Heider, amb el seu *Jahrbuch* d'investigació historicoartística, que va començar a aparèixer el 1856; Rudolf von Eitelberg, fundador del Museu Austríac de l'Art i la Indústria (on després treballaria Riegl, entre el 1886 i el 1887, com a responsable de la secció d'art tèxtil) i esforçat defensor de la vinculació entre les tasques museogràfiques i les universitàries, igual que el seu col·lega i protegit Moritz Thausing, professor de l'Institut Austríac d'Investigació Històrica i, en el seu moment, també director de l'Albertina.

Ells van obrir el camí que aviat recorrerien, entre d'altres, Franz Wickhoff i Alois Riegl, Max Dvorák i Jósef Strzygowski, Julius von Schlosser i Hans Seldmayr. Això no obstant, seria un error suposar que tots ells compartien una visió unitària del seu treball. De fet, el que els unia, a part de la tradició i l'atmosfera peculiar en què es movien, era més aviat el seu comú rebuig dels plantejaments del tot positivistes o idealistes (malgrat l'amistat de Schlosser amb Croce, o de la tardana conversió de Seldmayr a la fe cristiana). Franz Wickhoff es va distingir per l'actitud generosament universalista, que li va permetre posar atenció a la *Gènesi de Viena* i a Klimt, a l'art romà tardà i als últims avenços arquitectònics de l'enginyeria, a l'impressionisme i a les arts plàstiques no europees. A la seva mort, el 1909, la seva càtedra va haver de ser duplicada amb la finalitat de donar cabuda tant a Max Dvorák com al combatiu Jósef Strzygowski. Aquest últim (a qui Berenson va anomenar l'«Àtila de la història de l'art») es va passar tota la vida defensant la idea que l'art occidental era poc menys que una derivació de l'art oriental. Pel que fa a Dvorák, ja el mateix Wickhoff el veia com un historiador de l'art decididament orientat cap al camp més ampli de la història de la cultura; en efecte, els seus interessos el portaven cap a l'examen de determinats problemes específics (*Idealisme i naturalisme en l'escultura i la pintura gòtiques* és la seva obra principal) o *topoi* individuals particularment significatius del passat (El Greco, Tintoretto, Goya) en connexió amb les experiències estètiques del present (l'expressionisme de Kokoschka, per exemple), i viceversa, en cerca de la seva recíproca il·luminació i vivificació. Aquesta perspectiva liberal i globalitzadora es veuria després prosseguida en els treballs de Julius von Schlosser, com també, en una direcció obertament espiritualista, per Hans Seldmayr. Von Schlosser, obert alhora a la teoria i a la pràctica, no només va ser el successor de Dvorák a la càtedra universitària, sinó també conservador i director de la col·lecció d'escultura i artesania al Kunsthistorisches Museum de Viena; no sols es va nodrir de l'estètica de Croce, sinó que va tractar de conferir-li la seva concreció en l'anàlisi de fenòmens històrics particulars. La seva contribució més cèlebre continua essent, això no obstant, d'ordre filològic: la monumental *Die Kunstliteratur,* del 1924.

Conscientment hem deixat per al final el comentari sobre la figura més singular, i tal vegada la més brillant, entre totes les que van sorgir en aquella atmosfera historicoartística. Ens referim, per descomptat, a Alois Riegl. En ell trobem concentrats alguns dels trets fonamentals del pensament de l'escola de Viena. En primer lloc, l'enllaç entre l'elaboració teòrica i la pràctica museística. En segon lloc, l'atenció als fenòmens limítrofs o exclosos fins llavors de la història oficial de l'art: les anomenades arts menors, com l'ornamentació (*Problemes d'estil*, 1893) o l'artesania en general, com també els presumptes períodes de «decadència», com la Roma tardana (*La indústria artística tardoromana,* 1901), o l'època del barroc. I en tercer lloc, la seva peculiar manera de vincular allò particular i allò universal (*El retrat holandès de grups,* 1902), fugint tant del determinisme positivista o semperià com de l'idealisme hegelià. Finalment, les seves aportacions d'ordre terminològic, com la seva distinció entre les dimensions òptica i hàptica o tàctil, o el seu cèlebre concepte de *Kunstwollen* («voluntat artística»), tan productiu en la seva indeterminació, li han assegurat una influència diversificada (Wölfflin, Worringer, Panofsky...) i el situen entre els historiadors de més significació fins i tot als nostres dies.

Formalisme, sociologisme, iconologia

Totes aquestes orientacions van conviure al final del segle XIX i al començament del XX amb altres tendències de signe formalista. Un exemple el tenim en les idees d'August Schmarsow, el qual, sobre una base presumptivament «científica», entre naturalista i organicista, va arribar a explicar història de l'art aplicant a les obres complicades fórmules matemàtiques. En tot cas, el més conspicu i rigorós representant del formalisme va ser segurament Conrad Fiedler, el teòric de la «visibilitat pura», al qual, juntament amb Adolf von Hildebrand i Hans von Marées, se li ha d'atribuir el mèrit d'haver introduït el problema de la forma, en una línia que tenia més a veure amb Herbart o Hanslick que amb el mateix Kant, com l'element fonamental de tota consideració de l'obra d'art i de la seva història. Per a Fiedler, l'estudi de l'especificitat formal de les diferents arts havia de ser el punt clau des del qual defensar el seu desenvolupament autònom i, per tant, la seva irreductibilitat a tota consideració especulativa, idealista o merament hedonista de la bellesa i de l'art.

El cas és que unes tals propostes no van conduir Fiedler a uns resultats tan brillants com calia esperar. Ell mateix no va aconseguir establir de manera convincent quines serien les lleis o regularitats que haurien d'actuar en aquell àmbit de la «visibilitat pura». De fet, avui dia resulta bastant sorprenent que Croce veiés en ell el millor teòric d'estètica del seu segle. Però també és veritat que les seves idees van impregnar i van fer fructificar altres plantejaments de considerable influència. Aquest és justament el cas de Heinrich Wölfflin.

Wölfflin va desplegar els principis del formalisme en un sentit que no sols s'inscrivia en la tradició de Fiedler i de Hildebrand, sinó que es nodria també de l'àmplia perspectiva de Burckhardt, a qui va succeir en la seva càtedra de Basilea i a qui reconeixeria sempre com el seu mestre. Les intencions de Wölfflin es van fer manifestes en el primerenc *Renaixement i barroc*, del 1888. L'interès pel barroc, amb totes les seves especificitats anticlàssiques, no era nou. El que era nou era la manera amb la qual Wölfflin s'esforçava a acotar les diferents actituds formals en funció d'un conjunt de conceptes antitètics determinants dels pols cap als quals s'orientarien els estils. Fou en els *Conceptes fonamentals de la història de l'art* (1915) on aquestes contraposicions quedarien més ben definides: allò lineal i allò pictòric, la superfície i la profunditat, la forma tancada i la forma oberta, la pluralitat i la unitat, allò clar i allò confús. Es tracta de propostes d'estilització que apunten a la possibilitat d'una anàlisi objectiva –«sense noms»– de l'obra d'art. Els plantejaments de Wölfflin van ser criticats per personalitats tan diferents com Croce, Panofsky o Hauser, que li van retreure el relatiu esquematisme i l'eventual unilateralitat, però tot això no impedeix reconèixer-li l'impuls a favor de la disciplina analítica i la imaginació conceptual.

Altres formalistes van poder semblar menys àrids, encara que no sempre van obtenir resultats més fecunds. De fet, el problema del formalisme presentava llavors dos vessants. Per una banda, és obvi que el concepte de forma només té sentit quan s'entén com un terme relatiu, això és, determinat pel seu oposat, per allò que immediatament no és (matèria, contingut, significat). Per altra banda, *forma* és el nom d'una cosa associada a allò estàtic, a una permanència gràcies a la qual obté una identitat i destaca respecte d'allò no format; això facilita les connexions conceptuals, però també dificulta l'establiment de les petites transicions, les continuïtats que presumptivament constitueixen un curs històric, un esdevenir. El primer aspecte el van mirar de respondre Roger Fry (*Visió i disseny*, 1919) i Clive Bell (*Art*, 1914) a través del concepte de «forma significant» i en una direcció més emotivista, des d'una perspectiva certament confusa i, finalment, no gaire útil per als interessos de la historiografia. Al segon aspecte s'hi enfrontaria Henri Focillon a la *Vida de les formes* (1934), amb uns resultats bastant més persuasius i coherents. En el seu cèlebre i influent llibre, Focillon aconseguia relacionar matèria i forma, espai i temps, esperit i vida, comunicant-los a través del conceptes de tècnica. El seu punt de vista, encara que de caràcter entre fenomenològic i bergsonià, arribaria a ser prou concret per dotar-se d'un criteri hermenèutic ocasionalment aprofitable en els dominis de la historiografia de l'art.

Així, la historiografia de l'art va penetrar al segle XX proveïda de quasi tot el que podia necessitar. En aquest context era inevitable que les perspectives es diversifiquessin i, en definitiva, se singularitzessin. Per això no és rar trobar abundància de més o menys brillants epígons (com Theodor Hetzer, Ernst Heidrich o Hans Jantzen, sequaços del formalisme), grans pedagogs de vocació austera, bàsicament sintetitzadora (com Adolf Goldschmidt, especialitzat en art medieval), importants i necessàries operacions de rescat (com la de Manuel Bartolomé Cossío amb El Greco) o magnes empreses enciclopèdiques (com els vint-i-cinc volums de la *Storia dell'arte italiana* d'Adolfo Venturi, el més fecund deixeble de Cavalcaselle).

Però, en realitat, les dues orientacions historiogràfiques principals, les que han aportat les noves perspectives de les quals s'ha nodrit l'estudi de l'art durant el segle XX són l'anomenada història social i, no cal dir-ho, la iconologia. Les dues responien, cada una a la seva manera, a la necessitat de complementar, sobretot, les consideracions d'ordre positivista i formalista que des de temps enrere semblaven haver-se imposat ja com les alternatives fonamentals en el marc d'una historiografia acadèmica on, d'altra banda, el que predominava era (i en gran part continua essent) una mena d'eclecticisme erudit, però d'escàs abast hermenèutic, tan sensat com rutinari.

L'anomenada història social va sorgir pròpiament els anys posteriors a la Segona Guerra Mundial, amb les contribucions decisives de Francis Klingender (*Art i revolució industrial*, 1947), de Frederik Antal, deixeble de Dvorák (*La pintura florentina i el seu ambient social*, 1948) i d'Arnold Hauser (*Història social de l'art i la literatura*, 1951). Dels tres, Hauser ha estat el més discutit i injuriat per part de l'estament acadèmic dels historiadors de l'art. I el cert és que el seu punt de vista globalitzant i genèric facilitava els retrets que li han dirigit: esquematisme, idealisme dissimulat, assumpció acrítica de categories estilístiques, mecanisme en l'establiment de les correspondències entre art i societat, etc. De fet, Hauser ha rebut crítiques certament fora de to a causa de la seva orientació marxista (Gombrich, per exemple, no ha volgut fer-li justícia) o exageradament violentes (com la de Pierre Francastel) a causa de la vaguetat de la seva perspectiva «macrosociològica». També Antal ha sofert algunes ires innecessàries (com la de Mario Praz), encara que en el seu cas el tracte ha estat bastant més respectuós i, a vegades, fins admiratiu (per exemple, per part de John Berger). En línies generals, cal dir que la història social ha trobat moltes maneres subtils de salvar-se de l'eventual unilateralitat del seu punt de vista. Així ho han fet, com a mínim, Meyer Schapiro, Francis Haskell, Michael Baxandall, Peter Burke o Giulio Carlo Argan, entre molts d'altres. Encara que no, tal vegada, el sobrevalorat Francastel, quasi sempre pretensiós i avorrit.

En tot cas, sembla indubtable que l'orientació historiogràfica més influent al llarg del segle XX ha estat l'organitzada entorn de l'Institut Warburg: la iconologia. El fundador, Aby Warburg, va estudiar amb Carl Justi i Hubert Janitschek, encara que va ser també sensible a les influències de Burckhardt i Schmarsow. Les seves posicions, en certa manera paral·leles a les de l'escola de Viena, obeïen al propòsit fonamental de superar tant el formalisme sumari com el cras positivisme que amenaçava de deixar l'art convertit en mera anècdota. Del que es tractava era de prosseguir la tasca de Burckhardt per fer una historiografia on l'art aparegués rigorosament inscrit en el context cultural, ideològic i icònic que li conferiria el seu sentit. Això explica l'èmfasi de Warburg en la documentació bibliogràfica, una passió els resultats de la qual quedarien clarament manifestats en la llegendària biblioteca reunida per ell a Hamburg: aquells seixanta mil volums que, juntament amb els materials fotogràfics i els mobles, van haver de ser transportats en dos vaixells fins a Londres l'any 1933, quan el nazisme va aconsellar la mudança de l'Institut a llocs més segurs.

Però qui s'encarregaria d'establir de manera explícita el «mètode» de treball de la iconologia, assegurant la continuïtat de l'escola, va ser, sens dubte, Erwin Panofsky. Alumne d'Adolf Goldschmidt, com Rudolf Wittkower, Panofsky va introduir a la historiografia de l'art les idees d'Ernst Cassirer sobre les *formes simbòliques*, aplicant-se a buscar el sentit en les estructures formals a través de les quals es desplega l'esperit en el temps. Panofsky distingia tres nivells d'anàlisi de l'obra d'art: el nivell immediat, *fàctic*, de reconeixement dels motius; el nivell *iconogràfic*, on les configuracions formals apareixen ja dotades d'un contingut secundari, convencional; i, finalment, el nivell estrictament *iconològic*, on aquests continguts queden ja relacionats amb les idees i continguts espirituals de cada context històric, o fins i tot arriben a transcendir-lo. De fet, el mètode de Panofsky s'ha revelat extraordinàriament fecund en l'estudi de l'art medieval i renaixentista, on tant ell com el seu amic i col·laborador Fritz Saxl, o els ja citats Wittkower o Gombrich, com també Edgar Wind, Robert Klein, Jan Bialostocki i André Chastel, entre molts d'altres, han aconseguit establir i matisar d'una manera convincent les continuïtats i ruptures entre l'art de l'era cristiana i la cultura de l'antiguitat.

Bibliografia fonamental

BERENSON, B. *Estética e história en las artes visuales.* Mèxic: F.C.E., 1966.

BURCKHARDT, J. *El Cicerone.* Barcelona, Iberia, 1966.

La cultura del Renacimiento en Italia. Madrid: Akal, 1992.

CASSIRER, E. *Filosofía de las formas simbólicas.* Mèxic: F.C.E., 1981.

GOMBRICH, E. H. *Tributos.* Mèxic: F.C.E., 1991.

GRASSI, L. *Teorici e Storia della critica d'arte.* Roma: Multigrafica, 1970, 1979, 3 vols.

HAUSER, A. *Introducción a la historia del arte.* Madrid: Guadarrama, 1961.

MACHÁN FIZ, J. *La estética de la cultura moderna.* Barcelona: G. Gili, 1982.

MENGS, A. R. *Obras.* Madrid: Imprenta Real, 1780.

PÄCHT, O. *Historia del arte y metodología.* Madrid: Alianza, 1986.

PANOFSKY, E. *Idea.* Madrid: Cátedra, 1977.

PODRO, M. *The critical Historians of Art.* New Haven: Yale University Press, 1982.

PRAZ, M. *Gusto neoclásico.* Barcelona: G. Gili, 1982.

SCHLOSSER, J. VON. *La literatura artística.* Madrid: Cátedra, 1976.

VENTURI, L. *Historia de la crítica de arte.* Barcelona: G. Gili, 1979.

WINKELMANN, J. J. *Reflexiones sobre la imitación.* 1987.

– *Historia del arte en la Antigüedad.* Madrid: Aguilar 1989.

Perfil d'un escultor. Lipchitz*

I

Un món sorprès en l'espai presenta un conjunt equilibrat d'obres de Jacques Lipchitz –Druskieniki, Lituània, 1891-Capri 1973– que sintetitzen la seva evolució artística i mostren una originalitat que el converteixen en escultor excepcional del segle xx. És cert que l'escultura no ha assolit encara els índexs de notorietat popular de la pintura, ni tan sols la legitimitat suficient per intervenir a títol propi en els debats publicístics sobre el gust –o la seva absència– en la cultura visual contemporània. L'escultura encara queda relegada al pla teòric en un duel constant amb les possibilitats formals de la pintura, més sensible –en opinió de tants– per donar compte de les brutals oscil·lacions estètiques del nostre temps. Ara bé, l'escultura moderna té una tradició de renovadors genials que han afrontat amb energia i convicció el passatge, sempre aventurat, de modelatge i buidatge, d'una vella tradició sumptuària cultural i decorativa –de remot registre classicista– a l'exercici formal sobre les possibilitats plàstiques de la contraposició o convergència en un espai autònom, de volum, massa, pla i línia que defineix la reflexió tridimensional contemporània.

Les obres exposades s'ordenen en seqüències cronològiques dins dels límits possibles, atenent prioritàriament, però, al nivell de concreció formal que cada una d'elles representa en l'evolució plàstica de l'artista. Una panoràmica, doncs, intencional i interessada en la

* Presentació de l'exposició *Jacques Lipchitz. Escultura*. Museu Nacional Reina Sofía, Madrid, 1996.

singularitat de les obres, en els seus orígens i identitat visual, que deixa de moment en segon terme la contextualització històrica o cultural. Afortunadament notables exposicions recents d'abast general han cobert suficientment aquest objectiu, així mateix necessari per entendre la història de les imatges del nostre temps.

Encara el 1964, quan es va presentar al món de l'art la col·lecció de Peggy Guggenheim i la seva ordenació definitiva al Palazzo Vernier, ni l'extraordinària col·leccionista ni tampoc el seu mentor, llavors el subtil Herbert Read, van saber trobar la fórmula diferenciadora de l'increïble focus de renovadors espacials que atzarosament s'havien reunit: Pevsner, Moore, Laurens, Duchamp-Villon, Brancusi, Lipchitz, Arp, i els van mostrar flanquejats pels *collages* –d'inqüestionable voluntat avantguardista– d'Ernst, Picasso, Braque, Miró i Schwitters, com a necessari preàmbul objectualista. Es tendeix a recórrer à la confortable inseguretat del rètol i reiterar la llista d'*ismes* que va inaugurar el cubisme l'any 1910: constructivisme, futurisme, purisme, suprematisme, surrealisme, etc., en una draconiana sistematització de les obres d'art que, com a mínim en aquell moment, lluitaven per fer saltar qualsevol etiquetatge didàctic i reductiu que pogués induir a la mandra o eludir la provocació de l'objecte plàstic.

Què succeeix llavors amb Lipchitz? Senzillament que queda qualificat d'escultor cubista entre els irreductibles grans europeus alliberats de l'abisme bèl·lic i recuperats per la cultura moderna gràcies a l'Amèrica del Nord. Forma part dels artistes europeus consagrats que «van estimular amb la seva presència el desenvolupament d'una nova tendència artística nord-americana anomenada expressionisme abstracte» (*sic*). Richardson ha explicat que a Picasso el divertia saber que, ben entrats els cinquanta, els museus nord-americans anaven a la saga de les *Ninfes* de Matisse per legitimar amb precedents il·lustres la nova estètica nord-americana.

Afortunadament la sensibilitat historiogràfica contemporània és una altra. L'anàlisi rigorosa del llegat formal de Lipchitz a partir del 1960 ha permès la seqüència d'exposicions antològiques i retrospectives que reescriuen la posició crítica de l'artista amb la complexitat requerida. En aquest deixant de recuperacions necessàries s'inscriu aquesta primera mostra de l'art de Lipchitz en un museu nacional espanyol.

Però l'exposició també té la seva petita història. Vaig presentar el projecte fa tres anys quan encara dirigia l'Institut Valencià d'Art Modern. José Guirao, director del Reina Sofía, va entendre de seguida que era una bona idea per realitzar en coproducció amb el museu valencià, com afortunadament així ha succeït. Miguel Zugaza, subdirector llavors, es va sumar immediatament al projecte, i l'excel·lent disposició del Patronat va accelerar el procés administratiu tot just vaig estar en situació personal de portar-lo a terme.

En realitat es tractava d'un vell argument que forma part d'un programa de treball elaborat fa dos anys i centrat en les *arrels de l'escultura*, això és, l'estudi del dibuix com a nucli conceptual d'algunes nocions escultòriques fonamentals en González, Picasso, Lipchitz, Gaudier i Gargallo. Vaig arribar, doncs, a Lipchitz des de González, quan potser en bona lògica històrica hauria hagut de procedir a la inversa. Amb el pretext de reordenar les sales de González de l'IVAM per donar entrada al nou llegat fet pels seus hereus, vaig tenir l'ocasió de repassar detingudament el fons i percebre amb claredat la importància del dibuix en l'artista. El seu valor com a síntesi inicial d'una forma plàstica les definicions de la qual abordarà després des de determinats punts de vista dimensionals i espacials. El pes del dibuix en l'obra escultòrica de Lipchitz és de similar intensitat i transparència, conscientment argumentat per l'artista des de sempre. Quan vaig poder accedir, a l'arxiu de la Tate Gallery de Londres, als fons inèdits dels anys europeus de l'artista, vaig trobar nous exemples gràfics i autobiogràfics que convertien el dibuix en una constant formal en l'evolució artística de Lipchitz. El dibuix entès ara com un signe cardinal que apunta l'obra d'art nova i descobreix la seqüència de dificultats estructurals que l'artista havia d'afrontar durant el procés de concreció visual.

En el cas de Lipchitz, a més, la gamma de variables es delimita en una data primerenca. Un rigorós aprenentatge artesanal que fa sortir a la llum la seva admirable capacitat tàctil i el recurs a la gramàtica cubista com una primera –i definitiva com el temps haurà de demostrar– armadura moral, però un cubisme despullat d'endevinalles especulatives i galimaties conceptuals –a la manera de Metzinger. Senzillament constructiu, com succeeix amb Picasso, que permet estructurar l'espai al marge del naturalisme il·lusionista de les escoles i del desenfrenament transcendental del front avantguardista, Lipchitz treballa el nucli essencial de les seves concrecions figuratives i centra la seva actitud només sobre aquest nucli formal, però atenent a *tot* allò essencial, enriquint les seves obres amb imprevistes *trobades* que assenyalen un punt d'inflexió en la història de l'escultura moderna.

La figura de Lipchitz exigia, en efecte, una presentació que accentués i fes visible la seva evolució formal. Que situés les seves obres en el temps de l'art que li va ser propi, però subratllant en tot moment la complexitat interna d'un procés creatiu. Per això el recorregut proposat tanca en clau poètica l'univers de Lipchitz –una imatge potent aventurada per Shakespeare a *Troilus and Cressida*–. Espero que el conjunt d'obres mostrades aclareixi el meu punt de vista de partida: Lipchitz és un escultor europeu en qui la vella artesania de l'ofici adquireix connotacions renaixentistes. Però posseeix a la vegada la sensibilitat de la mirada moderna, capaç d'assimilar la tremenda dispersió d'imatges generades per l'art del nostre segle que condiciona –i de quina manera– la projecció formal de l'artista.

Lipchitz és una presència constant i silenciosa dins l'evolució de la cultura del nostre segle. Aliè a estratègies de promoció i tendència, persuadit com pocs d'allò de *My Work is my Life*, ha viscut sempre en permanent diàleg amb l'arcaica estatuària primitiva i preclàssica –la seva col·lecció és impressionant i explica moltes de les troballes formals potser millor que el rastreig, per consciencíós que sigui, d'influències i convergències amb altres grans artistes del seu temps–. Va ser atrevit amb Picasso, company sensible de González, Brancusi, Gargallo i admirador incondicional de Juan Gris. Va sentir per Espanya la vella fascinació dels romàntics, engrandida durant els seus anys joves per l'amistat i companyonia d'aquells hispànics extraterritorials que van ser Huidobro, Larrea, Gómez de la Serna, Torres i García, tremends conspiradors de paper. Obert a la seva època, però, va saber ser un mestre generós i subtil els anys de maduresa nordamericana. De Kooning, Pollock, Esteban Vicente –per citar els noms potser més aïllats– ens han deixat testimoni de la seva personalitat serena sense fissures, particularment dotat per a l'amistat i sempre disposat a convertir en positives les experiències més difícils.

Així doncs, la mostra respecta l'ordre cronològic i atén l'evolució visual de l'obra de Lipchitz: primeres figuracions geometritzants, anys cubistes, transfiguracions iconològiques personals, troballes i improvisacions. Crec que el període nord-americà presenta solament una importància relativa en el conjunt formal de l'obra de Lipchitz. Desenvolupa a gran escala vells problemes, reconstrueix un món de formes perdut a Europa; retorna amb intensitat als seus temes de sempre. Lipchitz va arribar als Estats Units amb un món d'art propi fortament tramat, ple d'imatges i formes suficients per fer etern el seu art. Allà va trobar el lloc, l'atenció i la sensibilitat que van permetre la transformació dels seus vells signes. Com Picasso, va mantenir viva la seva curiositat fins al final.

En el capítol dels reconeixements, he de confessar els primers testimonis sobre Lipchitz als quals dec una gran part de l'admiració envers la seva obra. Una conversa estival amb madame Josette Gris a la meitat dels anys seixanta, incisiva i vehement en la caracterització i en el record dels anys daurats de Beaulieu-lès-Loches amb el vell amic encara en actiu; algunes evocacions de don Juan Larrea, a qui vaig tractar quan preparàvem amb l'editor Carlos Barral la «Biblioteca Crítica» que recuperaria la *memòria oblidada* de l'exili a la primeria dels anys setanta, i l'escriptor pugnava per publicar en espanyol el seu *Guernica*. Va ser per ell que vaig saber de l'existència d'una important correspondència els anys bèl·lics que després he pogut llegir en els arxius de la Tate londinenca. Pierrete Gargallo, bona amiga i generosa sempre en el record dels amics del seu pare.

A Yulla Lipchitz li agraeixo la seva amistat i el seu temps en circumstàncies difícils per a ella, com també al seu fill l'advocat Mott, responsable sensible de la memòria de l'escultor. Sense la seva generositat aquesta exposició no hauria estat possible. L'eficàcia i la disponibilitat de Pierre Levai és proverbial, però haig de reiterar-ho aquí.

A *mister* Nicholas Serota, director de la Tate Gallery de Londres dec l'autorització generosa i incondicional a publicar fons inèdits del seu arxiu. D. Fraser Jenkins, també de la Tate, ha posat la crítica cordial i sempre sàvia al llarg del procés d'investigació. A Cathy Pütz es deu el minuciós inventari dels inèdits de Lipchitz i l'entusiasme contagiós en tot moment sobre el projecte. A l'últim, haig d'agrair a tots els col·laboradors del catàleg un interès que ultrapassa la professionalitat que els qualifica.

II

Il faut savoir où couper
RODIN A VOLLARD

Vida d'un lluitador. Així va sintetitzar Irene Patai el relat biogràfic de Lipchitz publicat el 1961. Escrit en clau narrativa, el cert és que ens mostra per primera vegada els complexos perfils de la personalitat de l'artista, conscient com pocs que l'art del nostre temps es forja en l'encreuament entre la tradició i la modernitat. Però tal vegada l'*evocació* més viva de la tensió creativa de Lipchitz es degui al poeta xilè Vicente Huidobro, amic de joventut i confident d'excepció durant els anys parisencs. Escriu a *Cahiers d'Art* el 1928: «*Prendre un morceau de terre, le marteller avec les doigts électrisés, lui lancer des coups d'oeils en éclairs rapides et convertir la poussière en pierres precieuses, en barque de rêves, en oiseau de vapeur qui s'eloigne sur les vents tournant de tous côtés pour montrer les differentes blessures de la passion.*»

L'evolució de l'art de Lipchitz aclareix i defineix des de nous angles d'apreciació els motius i la naturalesa de les ruptures formals, expressives i emocionals que han forjat l'escultura moderna. Pocs artistes del seu temps disposen d'una documentació directa tan nombrosa: a l'*autobiografia obliqua* de Patai s'hi han d'afegir les inapreciables transcripcions de les converses amb Lipchitz de H. H. Arnason *My Life in Sculpture* del 1927, els textos i entrevistes del mateix Lipchitz i el recent *catàleg raonat* de Wilkinson, que arriba fins el 1941 (1996). Ara bé, encara avui es tendeix a interpretar la seva obra primerenca, construïda amb *sintaxis* cubista, com la suma o el conjunt més complet d'un cicle de la cultura moderna que, en contrapunt amb la pintura, o amb una estètica de disciplina kahnweileriana, millor, qualifiquem de cubista. *Tu ets l'únic escultor cubista!,* li havia dit Gargallo en una ocasió memorable. La presència històrica de Lipchitz ha quedat així marcada per una precisa tridimensionalitat formal que de cap manera determina els cinquanta anys següents de pacient laboriositat artística. Ironies de la història, sens dubte, o d'una manera d'explicar la història que només la proteica energia de Picasso ha fet miques.

Des del meu punt de vista, la linealitat narrativa que el mateix artista ens imposa en descobrir la seva evolució, ens indueix a considerar com un senzill intercanvi d'influències el dur procés de concreció formal. Les obres de Lipchitz *es realitzen* en el seu temps, però invoquen una legitimitat d'un major abast en contraposició amb els genuïns models ideals als quals ens remeten: l'estatuària hel·lènica preclàssica, el món plàstic del vell Egipte i la consciència artesanal del picapedrer renaixentista. Curiosament el dibuix va ser sempre el nucli del seu art. No és casual que marqui de seguida les distàncies amb Rodin –imitar-lo o venerar-lo eren les polaritzacions que suscitava la seva obra per a un contemporani de Lipchitz tan subtil com Gaudier-Brzeska–, a qui acabaria assimilant ja entrada la maduresa. Lipchitz és el testimoni visual d'excepció que reprodueix en la seva obra les potents formalitzacions estilístiques de la seva època, en efecte. Però amb una sensibilitat singular que el porta a prioritzar la matèria sobre la construcció, a expressar els valors tàctils mitjançant un modelatge directe i controlat que aprofita tot tipus de suggeriments plàstics –*trobats*, en el seu vocabulari– per reconduir el procés creatiu cap a nous horitzons de consolidació formal.

Al marge, per descomptat, de les afinitats lèxiques o sintàctiques amb altres formalitzacions contemporànies que puguem detectar, més o menys superficialment, en les diferents etapes que diferencien el seu itinerari d'escultor, Lipchitz va voler ser escultor des de la infància; ja a l'escola modelava escaioles amb una resolució envejable. Va renunciar a la poesia, encara que visqués fascinat sempre pel carisma de la paraula al llarg de tota la seva vida –ell que va canviar de llengua culta com a mínim tres vegades–. Va renunciar també a la pintura, intimidat sens dubte per les derivacions del color en plena eufòria postfauvista. Però va saber materialitzar com cap dels artistes del seu temps la suggeridora iconografia cubista en formes escultòriques noves que construïen inesperats espais expressius.

Crec que és un bon moment per analitzar algun d'aquests salts formals que només poden explicar-se correctament a partir d'una obra tan dilatada com diversa. Encara es comprenen millor quan s'aborden des de la serietat i honrada senzillesa que caracteritzen la tasca de Lipchitz; i el lector dels seus textos mai no trobarà una paraula altisonant o un gest de desautorització, en tot moment la discrepància argumentada i fins i tot l'obstinat replegament *pour mieux sauter*. Penso que aquesta és una manera també d'agrair la seva contribució a la sensibilitat visual del segle XX –que encara és el nostre– per sobre de dogmatismes d'una escola i fins i tot de forçades aproximacions estètiques. Una sensibilitat, des del meu punt de vista, que no necessita rotundes manifestacions per ser moderna. «*My life has been spent in creating utopias.*»

Formes i ideals

Instal·lat a París, en la bohèmia de La Ruche, amb Modigliani, Chagall i Soutine, la influència més forta i alliberadora dels anys de formació de Lipchitz era sens dubte Picasso i la nova experimentació geomètrica del cubisme analític. Ara bé, el 1914 va descobrir Espanya i el Museo del Prado, que visitava diàriament segons una confessió pròpia. D'Espanya s'emportaria una forta impressió artística d'importància per a la seva evolució posterior. Velázquez, El Greco, les imponents construccions cromàtiques dels venecians, el barroc –entre altres estímuls menys formals– van constituir un món de l'art totalment nou per a Lipchitz. Mallorca i el Mediterrani –vella geografia amb velles històries– representen un espai de reflexió també nou, vital i expansiu. Tot això explica en certa manera l'exercici de depuracions formals que defineix el retorn a París. El 1915, Metzinger va demanar a Lipchitz que li donés algun consell a un escultor jove, i aquesta va ser la resposta: «[...] la seva ment no s'ha alliberat suficientment de l'impressionisme –el pitjor enemic de la cultura– [...]. Pregunti a la realitat, demani consell als egipcis i als primitius per a la construcció, desconfiï dels futuristes i no tinc cap mena de dubte que arribarà de seguida a un resultat satisfactori» (Tate Archive, carpeta A 4).

Encounter (1913), *Acrobat on Horseback* (1914), *Matador* (1914), *Sailor with Guitar* (1914) tanquen una època de temptatives geomètriques constructives sobre estructures originàries antropomòrfiques. Tradueixen a volums i plans velles volences arcaiques d'implantació encara naturalista. Són exemples a la recerca d'un vocabulari formal que trobarà en el cubisme.

A partir del 1915, Lipchitz es compromet estilísticament amb el cubisme. Malgrat les reticències posteriors i la seva tendència a dissoldre l'empremta visual cubista en l'*atmosfera* de l'època. *Head* (1915), *Sculpture* (1915) mostren amb força els resultats d'allò que més tard qualificaria gràficament l'artista de *cubisme orgànic*: senzilles estructures abstractes –verticals o rectangulars– convertides en masses frontals equilibrades per plans sobreposats, amb suaus indicacions figuratives modulades per les ombres.

Lipchitz ha reconegut elements arquitectònics del gòtic en la verticalitat constructiva d'aquests anys, accentuant, però, que es tracta d'objectes tridimensionals que actuen també sobre dimensions espacials simultànies. *Standing Personage* (1916) o *Man with a Guitar* (1916) són bons exemples del sistema compositiu de l'artista aquells anys: estructures verticals tallades per plans d'evocació figurativa, però amb una potent voluntat tridimensional. El forat central de l'última obra citada servia, en opinió de l'artista, senzillament per subratllar que es tractava d'un objecte de tres dimensions obert a diverses visions angulars. Concentració sobre els elements formals, doncs, i subordinació gradual de l'objecte a la seva força plàstica.

Lipchitz va conèixer Juan Gris el 1916 i va arribar a ser íntim amic seu. Amb tot, la tensió especulativa que envolta l'obra pictòrica de Gris i l'esforç teòric del mateix artista per definir i categoritzar els seus descobriments formals no van arribar a calar en el tarannà pràctic i visual de Lipchitz, poc dotat, segons les seves pròpies paraules, per a la *teoria abstracta*. Potser com Picasso, acusava la fascinació dels personatges fantàstics –el torero, l'arlequí, el pallasso– per descompondre'ls després en construccions formals on prevalia el rigor compositiu sobre l'evocació sentimental. Però per a Lipchitz el cubisme expressava també la possibilitat de construir al marge de la naturalesa. De trencar definitivament amb el dirigisme naturalista i imposar uns objectes plàstics concebuts i jutjats com a tals. Duchamp-Villon, Brancusi, Gaudier-Brzeska van elaborar durant aquests anys un nou llenguatge formal traduït en potents i arriscades metàfores escultòriques.

A partir del cubisme també Lipchitz fa originals construccions noves, assimilant múltiples qualitats arquitectòniques que ordena racionalment, *abstractament*, però sense dissoldre del tot les característiques figuratives humanes. El cubisme és una refinada cultura visual d'impressionant capacitat analítica i un llenguatge artístic comú que cada creador ha de ser capaç de dominar i fer propi.

Anys enrere, Pierre Cabanne es preguntava si existia una escultura cubista. El problema és antic i apunta en direcció coneguda: Picasso. Acoblar en una sola imatge diferents punts de vista de l'objecte a través de la juxtaposició de les facetes angulars que l'espectador ha de *rodejar* per captar en la seva totalitat. Del 1912 daten els primers *assemblages* de fusta i carbó que eixamplen a través de la matèria les superfícies cubistes. Però tal com Lipchitz va confessar iradament a Picasso, uns tals objectes no són escultures sinó afegits acolorits, per més que Kahnweiler els conceptualitzés brillantment com: «*Une sorte de* dessins dans l'espace, *mais marquent en même temps, le premier pas vers la conquête par la sculpture d'un domaine qui n'avait pas appartenu qu'à l'architecture auparavant: La* création d'espaces.»

En el deixant de Juan Gris, Lipchitz pinta el 1917 el seu únic oli acabat *Nature morte avec compotier,* i realitza el 1918 algunes naturaleses o bodegons en baix relleu, en pedra o guix, que en definitiva són més o menys com pintures de trama espessa, que confien l'efecte tridimensional al contrast de llums i ombres. Aquell mateix any, a Beaulieu durant l'estiu, experimenta sobre el color en l'escultura a partir de models egipcis i grecs primerencs, per concloure que la funció del color en l'escultura és secundària i es limita a subratllar la visibilitat de les formes. Altres obres també d'aquest any s'aventuren en un nou concepte en el lèxic de

Lipchitz: l'*espai negatiu* –aquest se centra en el contrast entre dos volums, un de positiu o actiu, i l'altre neutre, que serveix per accentuar les gradacions de llums i ombres o els talls lineals en vertical, horitzontals o curvilinis–, *Seated Man with Guitar* (1918), una *reminiscència* del *Sailor with Guitar* del 1912 però sotmesa en aquest cas a una potent descomposició volumètrica.

Pot argumentar-se que la descomposició d'un motiu figuratiu en elements geomètrics és present també en Naum Gabo, però a través dels plans oberts de major ductilitat espacial... i discutibles efectes decoratius (*Têtes*, 1916). La construcció sintètica d'una figura o un objecte a partir de volums i plans es converteix en una orientació fonamental del cubisme que farà possible el naixement de la nova escultura espacial durant els anys immediats, iniciat per Julio González i el mateix Lipchitz en aquesta sèrie de produccions genials conegudes com a *transparents*.

Normes i formes

A l'inici de la dècada dels anys vint es percep en l'obra de Lipchitz un progressiu debilitament de les conviccions cubistes. S'ha interpretat com un símptoma menor del «retorn a l'ordre» que caracteritza els anys de la postguerra europea: un distanciament imaginatiu més que constructiu del cubisme pictòric.

Lipchitz ha confessat que van ser uns anys d'incertesa creativa. Potser condicionaran el seu estat d'ànim i accentuaran els dubtes les reticències del *dealer* Rosenberg a un canvi d'estil quan l'artista començava a interessar als col·leccionistes, relació comercial que a més va concloure aviat malgrat l'èxit de l'exposició de París l'any 1920 i la intel·ligent crítica de Maurice Raynal; i fins i tot la decepció davant els resultats del constructivisme i el suprematisme com a opcions *abstractes* massa asèptiques pel seu temperament dinàmic. Tal vegada la tornada un cop a Rússia a un art sense problemes –Lipchitz va restablir llavors les relacions amb la seva família–, a un art populista i narratiu propugnat pels soviets tot just acabada la guerra, el porti a la recerca de noves solucions formals. Els abundants *retrats* (busts) d'aquests anys poden qualificar la profunditat de la crisi: *Raymond Radiguet* (1920), *Gertrud Stein* (1920) i la seva esposa *Berthe* (1920) expressen serioses petges de monumentalitat arcaica, però no així el *Cocteau* (1920) molt més intens i personal.

Archipenko, Brancusi, Lipchitz, Epstein, Arp, Laurens, González han dotat l'escultura moderna d'una capacitat imaginativa. Van col·laborar en tot això l'enfrontament crític al cubisme i la visualitat radical de Boccioni i els futuristes proposant la completa abolició dels límits tancats en l'escultura obrint-la de cara a l'espai. El cubisme com la força alliberadora que emancipava les formes i plantejava a l'artista altres problemes estructurals: espai, massa, volum, pla. Boccioni exigia audàcia per activar aquestes formes en l'espai. *Bather* (1923-1925), *Man Leaning on Elbon* (1925), *Woman with Mandolin* (1925) són exemples que demostren la tensió d'aquests anys produïda per a la insatisfacció creixent davant els riscos decoratius de l'abstracció. Les maquetes en relleu per a la fundació Barnes (a partir del 1922) tornen sobre temes propis i constitueixen un clar indicatiu dels nous recursos: modelatge en escaiola sobre espais geometritzats –*Figures with Musical Instruments* (1923). Un període de temptatives, en suma, que culmina la sèrie genial de petits bronzes que Lipchitz anomenava mig en broma transparents. L'escultura podia ser transparent malgrat Leonardo! En aquestes obres s'estableix una nova dinàmica formal basada en el contrast de relacions –sòlid i buit, saturat i desert, llum i ombra– sobre un espai definit per les obres mateixes.

Hammacher ha qualificat encertadament Lipchitz de *narrador*. El mateix artista ens ho confessa: «Vaig sentir necessitat de parlar, d'explicar amb aquest llenguatge històries que m'afectaven molt. Aquesta és la línia que sempre segueixo, adoptant camins diferents» (justificant els *transparents* en resposta inèdita a un qüestionari, *Tate Archive,* carpeta A 4). En efecte, va ser un fecund creador d'imatges transformades amb tan sols lleugers emmotllats sobre cera endurida amb resina i foses en bronze. Els transparents són brillants alliberaments intuïtius, petits apunts plàstics formats de plans, triangles, corbes que s'obren a l'espai però que expressen tota l'energia tàctil de l'escultor, *Harlequin with Guitar* (1926), *Pierrot with clarinet* (1926) van ser «una experiència fantàstica» per al seu creador, que trobava en aquestes formes una sortida a la solidesa monumental de les obres del període cubista. L'escultura com un espai que la corporeïtat física de la imatge a penes suggereix.

L'impacte dels transparents va arribar a Gargallo, González i Picasso i sembla que va impressionar Giacometti. El 1926 van tenir una àmplia difusió en les revistes especialitzades i es van convertir en un referent fonamental per a l'escultura posterior: André Salmon, «Nouvelles sculptures de Jacques Lipchitz» a *Cahiers d'Art,* 1926, va reproduir deu escultures; Waldemar George, «Bronzes de Jacques Lipchitz», a *L'Amour de l'Art,* 1926, vuit, i Vicente Huidobro va incloure dos transparents entre les il·lustracions del seu article «Jacques Lipchitz», també publicat a *Cahiers* dos anys després. A més, l'any 1929 apareixia a Gallimard el primer estudi centrat en els transparents: Roger Vitrac, *Jacques Lipchitz.* París.

Withers ha estudiat detingudament l'any 1978 les diferències formals que separen González i Picasso de Lipchitz. En el cas de Picasso, es tractava d'una derivació de les variables pictòriques del període cubista sintètic, «reemplaçant les línies rectores de la tela per barres i filferros». En el cas de González, molt més complex, sembla clar que les seves conviccions lineals suposen una concepció d'espai profundament diferenciada de Lipchitz, que arriba als transparents *fugint* de la massivitat i densitat constructiva de períodes anteriors. No és casual que en l'evolució escultòrica de Lipchitz els transparents introdueixin una nova ruptura formal, donant entrada a un *moment* barroc de temàtica mitològica i classicista que contrasta fortament amb la lleugeresa conceptual de les transparències.

Les relacions entre volums i masses i la tendència a expressar aquesta relació mitjançant el buit reduint *en la mesura que sigui possible* la presència de línies, plans i superfícies corbes és una preocupació fonamental de González, com ha assenyalat amb la seva agudesa habitual Tomàs Llorens. Ara bé, la importància de la llum i l'ombra per evocar masses absents –volums virtuals– és potser una variable constructiva compartida també per Lipchitz. Perquè, en definitiva, en contrast amb la formalització constructivista de Gabo o Pevsner, els elements estructurals de González i Lipchitz, línies i plans superposats, deriven de la visió empírica i no de la representació intel·lectual o emotiva dels objectes. Aquí emergeix degudament contextualitzada una tardana lliçó de Rodin que prioritza el modelatge amb l'estratègia escultòrica de les contraposicions lluminoses. La mà hàbil de l'escultor apunta les qualitats tàctils dels objectes i de la matèria que els va configurant al llarg d'un lent procés artesanal. Comparin, a aquest efecte, *Petita dona asseguda* o *Petita camperola*, de González, datades les dues el 1932 i realitzades en llautó, amb obres de Lipchitz de formalització encara transparent com *Seated Woman* (1930) o *Melancholy* (1930).

Figuracions

La impressionant *Joie de Vivre* del 1927, compromesa per Charles de Novilles per a la seva residència estival del sud de França, tradueix a una envergadura monumental l'obertura característica dels transparents. Instal·lada a més sobre una superfície rotatòria que li dóna l'aspecte d'un *mòbil* i permet la multiplicació dels efectes tridimensionals des de qualsevol enfocament visual. Ara bé, *The Cry* (originàriament *The Couple*), de 1928-1929, constitueix una transfiguració formal molt sòbria de l'abraçada amorosa, que curiosament va escandalitzar a Amsterdam quan va ser exposada per primer cop, i apunta a un període de maduresa inquieta d'*expansió lírica* en el vocabulari de Lipchitz. Es tanca així la volumetria cubista i es dóna entrada a una iconografia escultòrica tradicional però expressivament personalitzada. És veritat que les estructures bàsiques continuen essent cubistes des d'un punt de vista formal, però l'èmfasi en els continguts emotius de la nova temàtica condiciona també l'equilibri compositiu. *Return of Prodigal Son* (1931), *Sons of the Vowels* (1931) expressen la decisiva *contaminació* sentimental amb una època difícil per a la cultura europea i tensa en l'evolució personal de Lipchitz.

L'enlluernat *noi rus* de la tertúlia del Pombo visitava el 1935 la seva vella terra, una Unió Soviètica cada vegada més allunyada de la utopia, en acarnissada lluita ideològica que conclouria sagnantment en els processos de Moscou. Anys de desànim, en efecte. La desaparició de vells companys de la bohèmia parisina, la deserció d'altres, com Tatlin abstret en un transcendentalisme figuratiu bel·licosament antiavantguardista, l'avanç dels feixismes que preludia l'enfonsament de la República i la Guerra Civil Espanyola –transcric en volum a part algunes cartes inèdites de Juan Larrea que són el millor testimoni– són fets que van impressionar l'artista i que fonamenten la nova sensibilitat que retorna al vell substrat creencial donant vida a una poètica visual cosmològica i pessimista, extremada en la metàfora de *Prometheus and the Vulture* (1937) i més endavant en *The Rape of Europa* (1938).

Són obres potents, menys diàfanes potser que les impecables construccions cubistes. Actualitzen velles mitologies i pretenen ser una premonició de la barbàrie que ja es deixa entreveure. Hi ha, sens dubte, molt de vivència personal en elles, però en conjunt apareixen impregnades de l'agressivitat d'aquests anys de ferro. Són motius de sempre. Bíblics com l'abraçada, la reconciliació, la recuperació del fill, la maternitat, o agafats de fonts clàssiques com Leda i el cigne, Vulcà, Prometeu. Però modelats ara en formalitzacions barroques i verticals fortament matèriques, que segons sembla aspiren a transmetre la fe en l'home i en el seu esperit a través de l'energia creadora. «Una obra d'art no és feta solament per l'artista, sinó també per l'impacte i les associacions que provoca en l'espectador.»

Però tornant a les obres d'aquests anys, *Chimène* és un dels últims transparents que avancen noves idees. El pretext va poder ser una *evocació* poètica. Va ser una dona admirable que va fascinar Lipchitz durant molt de temps. Jimena era l'esposa llegendària del poeta xilè Vicente Huidobro, de la qual he vist algunes cartes als arxius de la Tate. El seu cap i la seva mà, els seus cabells són a penes esbossats en una fantasia de plans retallats que delimiten un buidatge oval, més tard treballant en profusió en la sèrie de *Notre Dame de Liesse.* És «la sublimació d'una experiència, una mena de poema que arrenca d'una emoció particular». Temps després Lipchitz –gran col·leccionista d'estatuària antiga– va trobar en una peça etrusca de caràcter ritual alguna reminiscència formal amb aquesta obra.

Són significatives d'aquests anys les sèries de *guaixos sobre paper* que esbossen variacions entorn del Minotaure, amb mans i cap traduïdes al bronze que demostren l'exploració formal de l'espai escultural interior –el contrapunt del buit– com una estructura expressiva fonamental. *Head and Hand* (1931), *Head* (1932), *Bull and Condor* (1932), *Hands* (1933).

Són anys també de projectes escultòrics de gran escala que tendeixen a la monumentalitat però que continuen encara sotmesos al control formal de la sintaxi cubista. *David and Goliath*, exposat l'any 1934, és una denúncia audaç de l'opressió que origina atacs a l'artista en la premsa antisemita, com després *Prometheus strangling the Vulture*, encarregada per a l'Exposició Internacional de París l'any 1937. Els esbossos i les maquetes d'aquestes obres són significatius des del punt de vista formal, ja que retornen vells motius mitològics i religiosos transformats ara amb més força. Semblen inspirats en la Guerra Civil Espanyola i en els relats del seu amic Larrea i són una lliçó d'expressivitat tàctil. *The Terrifical One* (1936), *Scene of Civil War* (1936), *Prometheus and the Vulture* (1936).

L'èxit de l'exposició de Lipchitz a la Galeria Brunner de Nova York l'any 1935 va despertar l'interès dels col·leccionistes nord-americans. Perspicaçment Barr va comprar per al MOMA una *Figure* en bronze l'any 1936. La possibilitat de l'emigració començava a configurar-se.

Lipchitz ha descrit el seu treball d'aquells anys com d'actualització de la mitologia clàssica a les urgències imaginatives del moment. *El rapte d'Europa* es va transfigurar així en un símbol dels temps. Assetjada pel toro hitlerià, la nostra Europa el travessa amb una daga. «És el revers terroritzat d'un vell tema eròtic: el toro acariciava Europa amb la seva llengua.»

Mons d'art

Segurament Werner Hofmann l'encerta quan considera l'exposició de Lipchitz a la galeria novaiorquesa de Curt Valentin, 1942-1943, com el primer estímul de l'expressionisme barroc europeu sobre una nova generació d'artistes nord-americans. L'experiència americana alleugereix el llegat formal cubista i allibera en Lipchitz nous mons d'art centrats en dos vells pols. El retorn a la versatilitat visual de la imaginació barroca, particularment l'estudi de Bernini, i el redescobriment de les possibilitats per a l'escultura contemporània de la vella tradició del modelatge suspès en Rodin. Dotar de moviment greus masses de presència arcaica és el nou concepte escultòric que recorre la seva temàtica tradicional. *Mother and Child* (1941), *The Return of the Child* (1941), *Benediction I* (1942). Però els nous cicles escultòrics, per exemple la sèrie bíblica de Hagar del 1948, després d'una visita a París el 1946, expressen un sensible canvi en la percepció dels volums que adquireixen un fort protagonisme.

Lipchitz torna a una concepció orgànica de les formes atenta ara a les derivacions exigides tant per la matèria, la tècnica i la mestria del modelatge i el cisell com pel pes i la densitat conscients d'una temàtica reiterada, integrada ja en una iconografia pròpia de profundes arrels creencials. *Variation* (1942), *Spring* (1947), *The Pilgrim* (1942), *Trentina* (1946). És un moment també d'intensa experimentació tècnica de retorn al gravat i a la litografia: les sèries *Hercules and Antheus* i *Road to Exile* són un exemple que serveix per aclarir el procés de definició escultòrica.

Temps així mateix de reconversió religiosa personal i de retorn al judaisme dels orígens, però sempre profundament impregnat d'un sentit narratiu que sobreposa complexes significacions figuratives en associacions de gran efecte plàstic. Els estudis i esbossos de la sèrie per a *Notre Dame de Liesse* il·lustren aquest punt. Com la troballa de les possibilitats estructurals de la *màndorla*, de tall romànic, per harmonitzar el conjunt de referents iconogràfics tradicionals –Verge, Maria, Madonna, Terra, Mare– transformats en elements plàstics autònoms que expressen la seva visió de l'art.

Quasi a l'atzar, entre el 1955 i el 1956, Lipchitz va fer una sèrie de *semiautomàtics*. Els qualifica d'aquesta manera perquè havien sorgit de la simple pressió del tacte sobre la plastilina submergida en aigua. Són unes formes orgàniques casuals que van servir a l'artista de teràpia antidepressiva i li van permetre enriquir els seus treballs amb nous motius i associacions. Les improvisacions afegeixen llibertat i ingenuïtat al procés creatiu; són construccions obertes en les quals solidesa i buit es contraposen i la matèria es converteix en forma.

À la limite du possible, del 1958, és una altra sèrie de sorprenent originalitat en l'obra de Lipchitz. Es va atrevir a fondre en bronze tota una multitud d'elements heterogenis –flors, teles, filferros, deixalles– i es va atenir al resultat de l'amalgama. Convertits primer en matèria, han funcionat després com a elements plàstics nous donant forma a figures fantàstiques d'impressionant força imaginativa. *Galapagos II* (1958), *Freedom* (1958) són notables exemples d'aquest curiós procés tècnic que demostra la mestria de l'artista en el domini del bronze.

Els últims anys de Lipchitz han culminat molts dels projectes escultòrics monumentals que reprodueixen a escala colossal velles fantasies imaginatives. Les seves escultures –a Nova York, Filadèlfia, Tel Aviv, Los Angeles... o l'estació de *Liverpool Street* al metro londinenc– són metàfores artístiques de temes eterns religiosos i mitològics als quals Lipchitz ha afegit una profunda significació humanística. Les formes –signes d'identitat de l'artista en el temps– reneixen una vegada més com a elements autònoms i dinàmics que materialitzen antigues o noves figuracions i estimulen sempre una experiència estètica. *Hagar in the Desert, Spirit of Enterprise, Free of Life, Between Heaven and Earth, Peace on Earth* són el llegat de Lipchitz al futur de l'art.

Madrid-Barcelona, 1930-1936*
La tradició de la novetat

I

La cultura moderna és urbana. L'experimentació i l'aventura creativa que van definir el Renaixement, per exemple, no poden entendre's sense el desplegament d'interferències institucionals que només la ciutat pot proporcionar. Sense Roma, Florència i Milà és difícil pensar en Leonardo o Miquel Àngel. Sense l'estímul, la polèmica i la competència entre els tallers artístics, tampoc. I és impossible també entendre el primer col·leccionisme privat burgès –comercial i financer– sense un entramat social urbà. Fins i tot fronts artístics anticonvencionals i rupturistes com l'impressionisme van convertir l'entorn humà –la ciutat com a àmbit de la vida moderna– en el gran tema crític i es van comprometre en la *dissecció* formal de la vida quotidiana. La cultura visual urbana és potser l'indicatiu històric de primera magnitud per tal de comprendre l'evolució de les societats modernes. Les avantguardes històriques van reivindicar la nova mirada, l'atenció sensible envers tot allò que la rutina acadèmica era incapaç de captar. Van confiar en allò inesperat, van buscar noves possibilitats en les fissures del control perceptiu per realitzar un art eficaçment crític. Van fer parlar allò *inexpressiu* –en la subtil endevinalla de Benjamin–, allò subtilment ocult o dissimulat, tot un món d'indicis presumptivament exhaurit, caòtic, insignificant en qualsevol de les seves manifestacions sensibles.

* Presentació de l'Exposició *Madrid-Barcelona, 1930-1936*. Madrid i Barcelona, Fundació «La Caixa», 1997.

Doncs bé, aquests *motius* vertebren l'exposició. Recordo un recorregut d'evocació benjaminiana pel París dels passatges amb Julián Gállego –que ho sap quasi tot de tot– i el comentari resignat sobre el no-lloc, lamentablement un *fet*, de les cultures hispanes en la construcció d'una presumpta cultura europea de protagonisme ara anglosaxó o *xovinista*. Anys després, les intel·ligents iniciatives de Pontus Hulten per alliberar els eixos culturals urbans que *van fer* l'Europa de les reconstruccions –després de la Gran Guerra i del 1945, en plena hegemonia nord-americana– van oblidar els lligams *Madrid-París-Buenos Aires* i *París-Barcelona-Madrid*. Més endavant, aprofitant l'ocasió d'un seminari restringit sobre *Avantguarda i Museu*, Hulten va lamentar aquell enorme oblit, però va ser incapaç d'adduir algunes raons que poguessin argumentar-ho. Més enllà, per descomptat, de la reiterada extraterritorialitat de la Península i de la seva *escassa* participació en la renovació artística europea. D'on eren Picasso, Miró, González, Dalí...? Bé, es diu, són artistes amb una genialitat que supera qualsevol frontera. A més, s'havien forjat en la cultura museística de París i en terra de ningú de la imaginació. Tal vegada... però no tant.

Reconstruir la mirada moderna. Quin va ser el seu impacte i influència entre els nostres artistes durant els primers anys de la dècada dels trenta, durant els anys de la República. Aquest és el desafiament que en modesta mesura afronta *La tradició de la novetat*. Què va poder veure's de renovador en els museus i exposicions al llarg d'aquests anys difícils. Però mostrar a la vegada la profunditat del calat de les noves tendències artístiques europees. Les grans ideologies estètiques avantguardistes van ser també focus d'irradiació de noves propostes i actituds artístiques, en efecte; però amb l'excepció del surrealisme, les annexes variacions castisses sobre l'expressionisme i un nebulós cubisme constructiu constitueixen poc més que episòdiques encarnacions formals. Són prestacions tardanes d'un art que molt aviat tornarà a l'ordre, encara que, ben mirat, un ordre que ha assimilat la profunda lliçó de créixer amb unes arrels artificials.

Madrid i Barcelona van ser llavors ciutats d'encontre per a nombrosos artistes que abandonaven una Europa en descomposició després de l'agost del 1915. Amb Lisboa i Casablanca anys després. Però amb una potent tradició al darrere. Madrid per a l'artista era Velázquez, El Greco, Ticià, Rubens, Goya... és a dir, el Museo del Prado, experiència obligatòria en el *tour* formatiu de qualsevol artista sensible des de mitjan segle XIX. Compartís o no la visió romàntica de la nostra història que veia Espanya com l'últim reducte de les individualitats agrestes i frontereres. Barcelona, a més, i la crisi del 98 ho havia demostrat de sobres, era la capital d'una societat oberta amb una forta tradició moderna i internacional. Era el gran port del Mediterrani que obria la ruta liberalitzadora a la utopia de les illes –a Eivissa hi van ser Hausmann, Selz, Benjamin, i Mallorca tenia una colònia cosmopolita des dels temps de l'Arxiduc–. Rivera, els Delaunay, Lipchitz, el llegendari col·leccionista comte Kessler, poden ser alguns dels noms caçats a l'atzar.

Ara bé, la meva proposta inicial era dissenyar Madrid i Barcelona com a ciutats obertes i circumstancials punts de mestissatge artístic durant els anys d'entreguerres. Delimitant la presència, permanència, metamorfosi i refusos de les avantguardes sobre la generació d'artistes que va portar a terme –amb entusiasme o per força– la inqüestionable renovació formal hispànica de la dècada dels vint. Però els compromisos expositius de la Fundació «La Caixa», sense descuidar el vigor dialèctic de Luis Monreal, em van fer reorientar el projecte cap als anys de la República, quan aquella *eclosió* renovadora va polaritzar en tendències contradictòries, en l'estrèpit d'un debat de gran abast que es donaria per acabat el 18 de juliol de 1936.

També és cert, en efecte, que la renovació formal potenciada durant els anys republicans només va quallar en una avantguarda ideològica radical, fortament partidista, a partir del 1933. L'art de tendència llavors guanyava espai polític i, com a contrapunt, el conservadorisme de sempre retornava agressivament a l'escena cultural. Les noves estratègies artístiques mai van acabar de quallar del tot entre nosaltres. Tal vegada la potent irradiació d'influències dels grans exiliats –el preceptiu viatge a París i els ecos romans neofiguratius després– tingués majors conseqüències en l'obertura de noves vies imaginatives que la casual evolució renovadora dels llenguatges plàstics. Fins i tot podria acceptar-se que les tendències rupturistes de l'anomenada *avantguarda universal* no sempre coincidien amb els brots autòctons de renovació determinats per la seva diversitat i pels sorprenents *mestissatges* estètics que singularitzen la nostra difícil modernitat.

En un principi, per fer més coherent la linealitat visual de la proposta, centrada exclusivament en les arts plàstiques, vam pensar reconstruir alguna de les exposicions de major impacte formal entre el públic, sempre minoritari, en aquells anys i en aquests. Però la sorprenent riquesa expositiva d'aquells moments feia inviable la idea, tot i forçar a una cronologia anual escrupolosa les diferents temporades de Madrid i Barcelona. Se sobreposen les activitats, moltes testimonials, en museus, salons, galeries privades i fins i tot fugaces presentacions d'uns pocs dies, Dalí, o també Miró, que va batre el rècord mostrant només una sola nit tota l'obra que exposaria a París l'endemà. A més, per què no refer l'exposició d'Arp a la joieria Roca, reformada audaçment per Sert? O la *performance* de Picasso a Barcelona –amb les veus de González i Dalí– i fins l'audaç antològica de Chirico del 1936. O la provocadora *Taula Parada,* que va deixar conèixer la imaginació de l'interiorisme i el nou disseny català. Una època, en definitiva, en la qual la novetat no necessitava fanatismes i la societat reaccionava sorpresa davant allò nou.

La dificultat d'ampliar espais i disposar de noves sales ha demostrat inviable el projecte i hem aventurat, en conseqüència, una síntesi de continguts més simbòlics ordenats entorn de dos eixos cardinals: l'urbanisme i l'arquitectura. Perquè els anys republicans van mostrar una peculiar sensibilitat per les formes de la ciutat i fins i tot les institucions van compartir, no sempre amb fortuna, el compromís de renovació que, com a mínim a nivell de projectes, proposava una rectificació funcional actualitzada de les velles idees ambientals.

Sobre aquests eixos se situen les obres que sostenen al llarg d'aquests anys la incipient tradició de la novetat. Renovadors i avantguardistes: noves visions de vells problemes formals. Els Ibèrics, per exemple, Escola de París, Vallecas, les obstinades rectificacions figuratives de surrealisme, la fonamental activitat d'ADLAN, primer a Barcelona i després a Madrid, en el desenvolupament de l'art d'avantguarda durant els anys republicans, la fructífera col·laboració amb GATCPAC, són temptatives més que models d'una ordenació visual inèdita, però sobre tots ells sobrevola la constant universalista creixent i polèmica representada per Picasso, Miró, González, Dalí –de protagonisme irritant durant la dècada– Torres i García, Max Ernst...

Què va poder veure, en resum, un ciutadà sensible a l'art en les dues grans capitals espanyoles que pugnaven, amb bagatges i tradicions ben diferents, per la ràpida integració en una cultura artística europea i urbana, universalista i hegemònica alhora. Cultura que tampoc no estava destinada a sobreviure. Es tracta, doncs, d'una panoràmica segurament esbiaixada des de la mirada crítica, però instructiva i necessària al meu entendre, sostinguda per algunes de les obres que van apostar per la tradició d'allò nou. Sobre aquestes obres s'ha de teixir el discurs modern que integra elements gràfics, maquetes, fotografies, tipografies, testimonis visuals, premsa i de publicitat. Una seqüència d'imatges que ha de complir la doble funció de marcar l'evolució cronològica i evocar el context social i polític peninsular i mundial.

Vull acabar amb una precisió historiogràfica. El desplegament expositiu dels últims anys ha permès conèixer millor artistes, tendències, grups i propostes estètiques a penes esbossats vint anys enrere. Fins i tot seguir els meandres evolutius inesperats en l'obra d'artistes marcadament ortodoxos o provinents de tradicions rupturistes. Com així mateix la reconstrucció més fiable i atenta de complexos nuclis conceptuals –figuració i il·lusions naturalistes, tradició i avantguarda, front artístic i obra, abstracció i construcció– en una bibliografia especialitzada creixent. És aquesta, sens dubte, la iniciativa correcta per deixar despullat el dissimulat retorn a un ordre historiogràfic caduc, encara obstinat en la definició, amb més escarafalls publicitaris que disciplina metodològica, de les *variants castisses* de la nostra titubejant modernitat plàstica.

II

> ... situar la nostra mirada
> en la tradició de la novetat.
> ROSENBERG, 1959

Art i il·lusions o, potser més ajustat, art d'il·lusions podria ser un capítol correcte per al repàs de la cultura visual durant la primera meitat dels trenta –un any més, perquè arriba fins al començament de la guerra civil– que abraça la panoràmica que presentem.

Es pretén mostrar –en art demostrar és senzillament això– el projecte de renovació formal, si és que va existir, en procés de consolidació al llarg d'aquests anys conflictius. Anys de desajustos entre una cultura visual renovadora i oberta a les innovacions més creatives de la dècada anterior –fundacional en l'àmbit de les arts– i altres punts de vista formals declaradament avantguardistes que apostaven per la ruptura estètica consolidada a Europa després de la Gran Guerra. Però amb una peculiaritat decididament hispana: la tremenda potència institucional de la vella disciplina acadèmica, que orientava ideològicament escoles i museus en un conformisme imaginatiu de remotes arrels classicistes.

El final de la Dictadura de Primo de Rivera permetia esperar la normalització política i cultural que vinculava la nova cultura artística als anys precedents, al període d'efervescència dels primers anys vint, simbolitzada en l'àmbit barceloní, per exemple, per l'*Exposició d'Art Modern Nacional i Estranger* de les Galeries Dalmau i en la publicació d'un nou pamflet –«Fulls Grocs»– que, seguint la línia combativa del cèlebre *Manifest* del 1928, intentava estimular l'adormit panorama artístic català de l'època. La proclamació de la República a l'abril del 1931 permetia aventurar als més optimistes que havia arribat una nova època.

Rastrejar la presència d'aquest nou art d'avantguarda i la seva incidència en la consolidació d'una *mirada moderna* és l'objectiu d'aquesta exposició. La cultura visual durant la República és un tema que disposa ja de l'entramat monogràfic suficient per permetre una síntesi interpretativa acceptable.

El debat entre arquitectura i urbanisme resulta ja bastant definit i fa possible la interpretació de resultats i projectes. Els treballs d'investigació sobre artistes i tendències puntuals s'han incrementat saludablement al llarg dels últims anys i adaptat massa simplificacions generalitzadores o restrictives que adjudicaven a moviments artístics forçats unes realitats visuals –les obres d'art– sempre fugisseres i refractàries a la tipificació. L'encara recent política expositiva democràtica –que cobreix ja deu dècades de cultura intencional– ha estat, sens dubte, per sobre del pretext publicitari ornamental que aparentment complís, l'ocasió oportuna per revisar tòpics i reescriure una nova història de l'art peninsular amb criteris historiogràfics rigorosos. Treure de l'oblit obres, períodes i artistes que han incrementat seriosament tot allò que sabem sobre la nostra modernitat plàstica, però també desfer l'embull d'interessos ideològics, prestacions formals, tendències i dissidències atribuïdes que atomitzaven fins a arribar a un lloc sense sentit el relat del nostre passat artístic immediat.

La idea cardinal de recorregut històric que proposem és simple. Madrid i Barcelona són nuclis de transformació moderna de l'Espanya republicana que pretén consolidar-se durant aquests anys. Com va quedar demostrat en diferents moments històrics –París, Londres, Nova York i fins i tot Roma al final dels cinquanta– la cultura artística emergent en l'Europa de la reconstrucció és essencialment urbana. Així va succeir el 1945 –aquí trobem el debat París-Nova York– i havia succeït després del 1918. L'espai de la modernitat, per dir-ho d'alguna manera, és l'Europa de les ciutats, de Weimar a Berlín. A més, la cultura que havia resistit els gasos i les trinxeres de Verdun aspirava a constituir-se en l'única identitat europea possible, aglutinadora dels desacords nacionals, ètnics, socials i polítics. El radicalisme irreductible que marca la dècada dels anys vint és potser una primera conseqüència d'aquesta nova situació històrica. Amb els imperis desapareixia un món colonial de dominació i de privilegis que arrossegava en la seva caiguda els últims residus de l'individualisme esteticista il·lustrat. La nova sensibilitat estètica haurà de ser democràtica i popular –determinacions que acaben ofegant l'art–, però sobretot alternativa radical i inèdita, condicions que expliquen el desenvolupament d'una tradició de la novetat a les albors de la societat de masses. Aquest és el fil que converteix en front cultural les avantguardes històriques, justament quan començaven a ser això, *història*, durant els anys que omplen la dècada dels trenta.

A Madrid i Barcelona, en efecte, es configura la transformació moderna de l'Espanya republicana. En aquestes ciutats, de cultura i història sovint contraposada, es defineixen, combinen, recouen, es podreixen o germinen els llenguatges artístics d'avantguarda, tradició i purisme integrats amb millor o pitjor fortuna en un discurs renovador durant la dècada precedent. Madrid i Barcelona es van convertir en lloc de pas quasi obligat durant la diàspora europea que va produir la Gran Guerra. La crisi econòmica, la *fugida cap al sud* i el vell tòpic d'uns països agrestos i inclassificables on encara habitava l'*home antic* –la frase és d'Ortega, un dels primers crítics de la cultura de la màquina– van atreure nombrosos artistes internacionals en desbandada. Aquesta circumstància incrementaria, amb les diferències essencials que facin al cas, la densitat cultural i el cosmopolitisme artístic de Madrid i Barcelona i faria possible l'eclosió avantguardista i renovadora que qualificà l'època. De fet, el caliu d'aquestes noves estètiques de comunicació visual impregnarà les polítiques culturals durant la República, de caràcter marcadament didàctic i educatiu. Sempre a contracorrent de l'aspre debat ideològic que les havia determinat.

Hem seguit la pista d'aquest nou art utilitzant dos indicadors que considero del tot fiables. La premsa i les exposicions anuals. La premsa diària –*La Vanguardia, El Sol, ABC*, però també *La Veu de Catalunya* o *La Publicitat*– permet contrastar la incidència pública de certs esdeveniments artístics amb la seva presència combativa a les publicacions especialitzades. Sovint inversament proporcional. Les exposicions demostren ben clarament el reduït àmbit de debat i assimilació del nou art entre nosaltres durant aquests anys.

A Barcelona, per exemple, la supervivència de moviments artístics «superats» i el retorn gradual però constant d'artistes bel·licosament tradicionals constitueix un fet de senzilla constatació al llarg dels anys republicans. La simple relació d'artistes d'estètica noucentista, neoimpressionista i tardoexpressionista –o acadèmica i de repertori– demostra la regularitat, dins la xarxa de galeries de la ciutat, d'un circuit artístic convencional al marge de les enceses polèmiques de tendència.

I parlem de Barcelona, ciutat pionera des de la perspectiva peninsular en la dinamització d'un mercat artístic, i vinculada a més fortament amb el nucli surrealista parisenc. Amb tot, tres noms destaquen en el panorama avantguardista de la dècada dels trenta. Joan Miró, emigrat a París des de la Dictadura de Primo de Rivera però amb casa i presència esporàdica a Barcelona. Salvador Dalí, genuí protagonista de l'època per la seva vehemència dialèctica i audàcia expositiva, legitimat a més pel seu èxit galopant a França i als EUA. Josep Dalmau, que per sobre dels seus fracassos va saber mantenir viva una política galerística avantguardista vinculada al GATCPAC. Miró i Dalí presenten una projecció internacional indiscutible, accentuada per les rotundes presències simbòliques de González, Gargallo i, com sempre, Picasso, d'influència obliqua però omnipresent en l'obra de tots aquells que es van plantejar seriosament la transformació de l'art. L'exposició antològica picassiana del 1936 queda, doncs, com el testimoni d'un antic deute que els diferents grups avantguardistes intentaran instrumentalitzar i que servirà de *test* per a l'acceptació d'allò nou. Picasso serà menyspreat en privat, discutit a mitja veu, aplaudit en públic, saquejat formalment sempre, però sens dubte és el referent inqüestionable d'un art radicalment altre.

Les inquietuds urbanístiques i arquitectòniques expressen un tema recurrent al llarg d'aquests anys. Durant l'època republicana s'emprengueren plans de remodelació urbana i se'n van concloure alguns. Modernisme, racionalisme, costumisme són continents estilístics per a una nova sensibilitat que inclou també el disseny i l'ordenació interior de l'habitatge entre les seves preocupacions radicals. No va ser casual la intervenció de Le Corbusier en els projectes i els ecos arquitectònics de Barcelona ni els ecos centreeuropeus en la nova Ciutat Universitària de Madrid. Un nombre creixent de professionals donen suport al moviment renovador i coneixen bé alguns aspectes constructius de l'avantguarda europea, que posen en joc ara sempre críticament i en contrast amb les determinacions històriques ambientals.

Els anys que van del 1931 al 1936 van ser importants per a la nostra societat, ja que van demostrar que el projecte de modernització defensat per la República era viable i obria un ampli procés de modernització. Encara que aquesta idea no fos sempre compresa i encara menys compartida per tots, és cert que fins i tot els artistes més bel·licosament tradicionals es van mostrar atents als continguts universals que van intentar comunicar, i les tendències renovadores van començar a configurar-se com una avantguarda real que els esdeveniments polítics van demostrar ser impossibles. El ràpid procés d'alguns fets artístics significatius pot ajudar-nos a comprendre les dificultats de la cultura visual amb pretensions avantguardistes aquells anys.

El caràcter punter de l'arquitectura en el debat modernitzador l'exemplifica bé la considerable atenció que va despertar la conferència de Theo van Doesburg a Barcelona, pel maig del 1930, organitzada per l'associació d'alumnes, en la qual feia balanç de les teories avançades per Le Corbusier també a Barcelona dos anys abans. Gifreda feia un símil de Doesburg a *Mirador* (II, 168) presentant-lo com a contrari al «maquinisme» de Le Corbusier i partidari del neoplasticisme arquitectònic. Els problemes de la capital catalana com a *urbs* moderna i conflictiva seran un tema continuat d'atenció i crítica.

Dos valencians, Genaro Lahuerta i Pedro Sánchez, exposen al març del 1930 al saló del diari *Heraldo de Madrid*, focus moderat d'irradiació avantguardista durant aquests anys. Presenten la seva pintura *postcubista*, que consistia en un ràpid *retorn a l'ordre* d'innegable empremta mediterrània i un mostrari de temptatives de la més diversa gamma expressiva, amb la corresponent hipoteca surrealista. L'exposició organitzada durant l'estiu del 1931 per la Casa de Catalunya a París (Foyer Catalan) és també una bona mostra de la voluntat holística dels temps, sintetitzant totes les tendències: Créixams, Massot, Mompou, Clarà, Rebull... Miró, Picasso, Julio González i Gargallo.

De la creixent polarització ideològica de la vida artística n'és un bon testimoni el *happening* sobre les relacions entre el marxisme i el surrealisme que va organitzar a Barcelona Jaume Miravitlles, vehement polemista, a *Contra la cultura burgesa*, tornat de l'exili el 1931. Però devem a J. V. Foix les primeres reticències sobre les relacions de l'art i la política. El 25 de febrer de 1932 publica a *La Publicitat* l'article «Activisme surrealista» en què, arran dels nous projectes de Dalí a París, ironitza sobre la pretesa connexió del grup francès amb tendències soviètiques. Recorda l'onada del «puritanisme socialista» que bufa a l'URSS, contrària a la revolució permanent dels surrealistes contra tot gènere de constricció moral. L'1 de març torna a la càrrega amb un article fonamental, també a *La Publicitat*, «Les idees i els esdeveniments

(Algunes consideracions sobre la literatura i l'art actual)», reflexió acerada sobre les relacions entre art, política, avantguardes i radicalismes ideològics. Tornarà encara sobre el tema amb motiu de l'expulsió de Louis Aragon del grup surrealista de París.

El 1932 es reestableixen a Barcelona les Exposicions Municipals després del parèntesi de la Dictadura de Primo de Rivera. Del 1932 al 1936 es torna a instaurar l'Exposició de Primavera amb periodicitat anual (comprèn el Saló de Barcelona, «amb significació històrica de dreta», i el Saló de Montjuïc, «amb significació pictòrica d'avançada»). Ara bé, per qüestionar una dissecció tan mecànica només cal repassar el catàleg d'obres presentat al llarg d'aquests anys. L'art d'avantguarda a penes té representació i es refugia en les escasses galeries privades de sempre...

El Museu d'Art Modern de Madrid va presentar a l'abril del 1932 l'obra de Pancho Cossío, acabat d'arribar de París, avalat per una conferència d'Eugeni Montes que vinculava la seva nova obra «a les velles arrels ancestrals del nostre paisatge. A força de ser *moderníssim*, va redescobrir amb la seva pintura l'Espanya eterna».

És curiós que la presència a Espanya d'artistes segurs renovadors de l'anomenada escola de París fos un bon pretext perquè Eugeni d'Ors, paladí ara –1933– del «retorn a l'ordre» subratllés la *coloratura* un punt fora de moda de tot el que es mostrava i es plantegés retòricament si encara estava a temps de recuperar el passat perdut, «així podrà el nostre públic arribar a l'estació on ja ha arribat la universal caravana sense aturar-se en cada una de les estacions intermèdies».

Tal vegada l'activitat de Torres i García destaqui per la seva fèrria voluntat oberta en aquest horitzó de vaivens. Exposa al Museu d'Art Modern l'obra realitzada a París i Nova York i pronuncia a l'Ateneu madrileny una sonada conferència «En defensa del arte moderno», estimulant la ruptura en el món artístic peninsular amb un idèntic radicalisme al que s'estava donant en altres camps culturals. La seva proposta per un art antinaturalista i constructiu va ser millor argumentada en el seu article «Un grup d'Artistes Constructius a Madrid» (*Art,* núm. 5, febrer del 1934), que il·lustrava amb dues escultures de Díaz Yepes, una escultura i una pintura de Palencia i l'*Espantaocells* de Maruja Mallo.

Ara bé, és significativa la polèmica a la premsa barcelonina sobre l'adquisició de la *Col·lecció Plandiura* per part de la Generalitat de Catalunya. La crítica apuntava al cost econòmic que representava –set milions de pessetes– i va deixar veure tot tipus d'actituds demagògiques. *La Veu de Catalunya* i *La Publicitat* van fer campanya a favor de la inversió, mentre que curiosament alguns representants de tendència radical, com *El Diluvio*, i de l'opinió tradicionalista, com *El Correo Catalán*, es van enfrontar a la proposta. Són d'interès pel seu caràcter indicatiu els articles de Folch i Torres, llavors Director General dels Museus, valorant els continguts de la col·lecció –autèntica memòria històrica de l'art català–, i Carles Capdevila, que accentua que «quasi el 40% del tresor artístic català es troba en la col·lecció i seria un despropòsit dispersar-la». Els motius en contra s'atenien a l'escassesa de recursos socials i «la irresponsabilitat que denotava una tal sensibilitat sumptuària». Amb respostes contundents com el text no firmat de *La Publicitat*: «L'ofensiva de la ignorància. Els demagogs de la beneficència.» L'assumpte es va tancar amb el «gest definitiu» d'una nota del president Macià donant una explicació dels capítols en els quals caldria aplicar la inversió, ja que l'ajuntament havia parlat d'hipotecar el Palau Reial de Pedralbes i el de Belles Arts i la Ciutadella per fer front als compromisos de la compra.

A partir del final del 1933 amb el triomf electoral de les dretes i la progressiva radicalització de les esquerres, l'art renovador es transforma en revolucionari i el debat ideològic serà el protagonista de l'escena cultural durant els anys següents. L'AEAR madrilenya publica la revista *Octubre,* que convoca el món de la cultura a la lluita contra el desenvolupament del feixisme i el nacionalsocialisme. Al desembre s'organitza a l'Ateneu madrileny la primera exposició d'art revolucionari en la qual participen Rodríguez Luna, Alberto Sánchez, Ramón Puyol, Renau, Monleón, Pérez Mateo, entre els més coneguts, obrint de nou la polèmica entre realismes, art compromès que marcarà amb foc els anys de la guerra civil.

És significatiu, per tant, en aquest context de polaritzacions, la tornada de Josep Dalmau a l'arena artística de Barcelona i la inauguració el 7 de desembre de 1933 d'una nova galeria Catalònia, als baixos de la llibreria del mateix nom. S'obria amb una nova exposició de Dalí, important pel seu contingut formal en la trajectòria de l'artista: *L'enigma de Guillem Tell* i *Variant de Cavaller mort o la melangia de la platja*, amb reproduccions fotogràfiques de Man Ray. En el catàleg fundacional els projectes quedaven clars: «Amb aquesta exposició de Dalí la Llibreria Catalònia inaugura una sèrie d'*Exposicions d'Art* en les quals predominarà el criteri més eclèctic. És a dir, que procurarem oferir al públic de Barcelona no sols les produccions de concepció més atrevida, sinó també les manifestacions artístiques més clàssiques i tradicionals. La nostra acollida serà igualment generosa amb tot allò que sigui bell i intel·ligent. Aquestes exposicions alternaran o es presentaran simultàniament segons el seu caràcter, amb les conferències, cursets, lectures la bona acollida de les quals ens ha estimulat precisament a transformar la nostra primitiva sala [...] que estarà dirigida per l'exquisit *connoisseur* i precursor de l'art modern entre nosaltres, Josep Dalmau [...]. La Llibreria Catalònia aspira a mantenir en contacte la part més selecta del públic barceloní amb els intel·lectuals i artistes de Catalunya i de fora, i oferir-los les primícies de la producció artística i literària [...]. La Llibreria Catalònia aspira, en definitiva, a fomentar el gust per les arts i les lletres i elevar el to de la nostra societat.»

L'acollida de la mostra de Dalí, però, va distar de ser unànime. Capdevila escrivia a *La Publicitat* aquest comentari del tot enverinat: «El nom de Salvador Dalí és cotitzat com un valor positiu i original en una determinada zona del mercat artístic cosmopolita, i el seu art és bastant desconcertant per passar desapercebut en cap lloc. Deixant al marge tot el que pugui haver-hi de droga en ell, aquesta incoherència tan irritant per a algú no és altra cosa sinó la conseqüència d'una habilitat manual domada. Tal és la grandesa i la servitud d'aquest art [...]. No ens estranyaria que d'aquí a uns quants anys ens sorprengués amb obres d'una ingenuïtat angelical o d'un realisme servil; el més difícil és mantenir la incoherència indefinidament, per més malabarismes manuals que s'assagin. Dalí és un temperament sentimental, les seves primeres obres el delaten; ara encara no ha trobat la fórmula prou eficaç per encobrir-lo, i aquesta substància originària es filtra per totes les esquerdes [...]. Mentrestant admirem els seus dons, que són extraordinaris, i confiem en la seva imaginació, que és sorprenent. Ben entès que en dir imaginació no volem dir aptitud de crear coses tumultuoses i desorbitades, perquè es necessita més imaginació per crear amb senzillesa original que per confeccionar absurds» (13 de desembre de 1933).

Potser les Missions Pedagògiques empreses pels governs republicans expressen avui, millor que altres activitats, l'horitzó de possibilitat que delimita els projectes renovadors d'aquells anys. A més de la intenció educativa d'apropar el gran art a les geografies més apartades –el cartellisme i el cinema, el teatre i el circ van demostrar per sempre la seva eficaç polèmica comunicativa– la mobilitat dels muntatges exigia la senzillesa expressiva que els llenguatges plàstics d'avantguarda havien convertit en un pressuposat estètic: *La Barraca*, les estrenes de la Residencia de Estudiantes, el Circ de Calder del 1932, a Barcelona i Madrid, el ballet *Joc d'infants* de Miró, amb decorats i escenografies de Caballero, Maruja Mallo, el mateix Lorca, sintetitzen, posen en joc un univers de metàfores visuals del tot noves d'abast popular i innovador.

Al febrer del 1934 Miró presenta per primera vegada les seves *construccions* a la Galeria Catalònia de Barcelona. L'exposició és organitzada per ADLAN i les obres estan destinades a la immediata exposició del pintor a París. Es va llegir fins i tot un text del poeta Foix destinat a la *Miers d'Art*, i alguns crítics locals van poder comprovar la forta renovació formal que vivia l'artista durant aquests anys i que impregnaria l'evolució posterior de la seva obra. Escrivia Martí Font: «No es tracta d'atendre a l'execució formal d'aquests sorprenents dibuixos automàtics, producte del subconscient, sinó d'interpretar-los com una *expressió psíquica de la ment* del pintor.» («La darrera etapa de Miró», *La Publicitat*, 21 de febrer de 1934.) Alguns *collages* eren fets a partir de velles postals fotogràfiques.

Els fets revolucionaris d'octubre del 1934 van impedir la conferència de Dalí a la Llibreria Catalònia com a culminació d'una breu exposició de cinc quadres seus de camí cap a Nova York. El pintor parlaria del *Misteri sobrerrealista i fenomenal de la taula de nit* el 5 d'octubre. I s'anunciava també un diàleg entre l'artista i el públic. Foix parlava així d'aquesta arriscada iniciativa: «Elogio la tasca de Dalmau, aquesta persistència a oferir els resultats de les més dures recerques plàstiques i literàries a un dels públics més durs d'Europa. Més d'una vegada m'ha semblat encertat atribuir la presència entre nosaltres d'algunes de les individualitats més agosarades dins la pintura, precisament a la resistència que el país oposa a qualsevol manifestació d'originalitat i fins i tot a la investigació desinteressada. Les individualitats extremen, per dir-ho d'alguna manera, la seva independència a causa de la posició més insensible que hostil de la majoria. En el marc de Catalunya ens trobem amb els *picassos* dels primers temps. No hi ha cap Miró, i Dalí serà una mòmia mil·lenària, fossilitzada, quan algun personatge, caigut per atzar de Mart, encertarà a considerar-lo com a valor autònom.» (*La Publicitat*, 5 d'octubre de 1934.) Dies després, Just Cabot entrevista a Dalí per a la publicació *Mirador* (18 d'octubre), on l'artista reflexiona sobre el seu mètode de treball i la seva tècnica pictòrica, figurativa, de traç exacte i real per facilitar l'accés a *l'interior de la ment*. Com Freud, però amb els mitjans de l'artista. La conferència sobre la «tauleta de nit» havia de tractar de la «idea de l'espai» en allò físic des d'Euclides fins a Einstein, passant per Newton...

L'exposició de Luis Quintanilla el 1934 patrocinada per la secció madrilenya d'ADLAN té, segons el meu punt de vista, una importància doble. Per una banda, mostra la sèrie de dibuixos *La presó per dins*, conseqüència de la seva participació en els fets revolucionaris d'Astúries, i amb això una nova imatge de la creixent bel·ligerància política de l'art ja obertament compromès amb la línia de Renau i Alberto Sánchez. A una sensible distància de l'emotivisme d'Eduardo Vicente, per exemple. Per altra banda, el naturalisme del seu llenguatge formal, proper a l'expressionisme alemany, introdueix una nova orientació més efectista que atén prioritàriament als continguts intencionals.

El número extraordinari de la revista artística barcelonina *D'Ací i d'Allà* de desembre del 1934, amb el famós *pochoir* de Miró a la portada, constitueix una al·legació fortament polèmica sobre les possibilitats renovadores de les avantguardes des d'un punt de vista totalitzador, inventari històric i projecte normatiu a la vegada. L'índex parla per si mateix:

Textos de Carles Soldevila: «El perquè i el com d'aquest número». Luis Fernández: «Quadre sinòptic de l'evolució dels conceptes "pintura" i "escultura"». Christian Zervos: «La nostra generació». Josep Lluís Sert: «Arquitectura sense "estil" i sense "arquitecte"». M. A. Cassanyes: «Vers la màgia». Anatole Jakovski: «Després». Sebastià Gasch: «L'art d'avantguarda a Barcelona».

Textos parlant de Picasso: (Paul Westheim, extret de *Fauvisme* / M. A. Cassanyes) «Herois i aventurers / Braque» (Karl Einstein, de *Cahiers d'Art*), «Juan Gris» (M. A. Cassanyes). «Manifest dels pintors futuristes. Idees directrius del purisme. Neoplasticisme (elementarisme)», Theo van Doesburg. Poema «Construcció» de Blaise Cendrars (de «Dinou Poemes Elàstics», *Cahiers d'Art*). «Léger» (C. Zervos, de *Cahiers d'Art*). Un fragment del *Manifest constructivista de Gabo i Pevsner*. Moscou, 1920. Resum de les teories de Kandinski. «La fotografia» (Man Ray). «L'arquitectura del segle XIX. Els congressos internacionals d'arquitectura moderna. Gratacels. Arquitectura-Urbanisme. Funció social. Dada» (J. V .Foix). Poema de Hans Arp. «Alberto Giacometti i Anatole Jakovski» (González). Reproduccions d'obres de: Picasso, Matisse, Dérain, Braque, Lipchitz, Gris, Rousseau, Severini, Ozenfant, Mondrian, Doesburg, Léger, Brancusi, Gabo, Pevsner, Kandinski, Le Corbusier, GATCPAC, Steiger, Ginsburg, SyrKus, Howe, Lescaze, Duchamp, Arp, Giacometti, González, Ferrant, Ernst, Miró, Dalí, Chirico, Man Ray, Sala Fernández, Ghika, Carbonell. Tricomies de Picasso, Braque, Gris, Léger, Kandinski, Dalí.

Ara bé, tampoc no van faltar veus discordants que van assenyalar el cant del cigne i la intempestivitat del volum, quan «es considera que l'art modern es troba en retirada, per dues raons, el pas del temps (les avantguardes han perdut el seu poder de novetat) i la forta crisi econòmica mundial que ha suposat un terrible fre expositiu en tot occident», en opinió d'Albert Junyent a la publicació *Mirador* (núm. 322, 1935).

La mort inesperada de Gargallo a Reus, al desembre del 1934, després del gran èxit de crítica i vendes a Nova York, explica l'important eco de premsa de l'exposició de la Sala Parés. *El gran profeta, Greta Garbo, Picador, La màscara d'Arlequí* es mostraven per primera vegada a Espanya. Encara que la nova escultura no tindrà protagonisme peninsular fins a l'exposició de tres escultors nous, que ADLAN de Barcelona organitza a la Sala Catalònia. Marinel·lo presenta «un projecte per a la configuració d'una plaça llegendària» amb aquest títol: *El bonic cadàver d'Elisenda de Montcada va ser trobat aquest matí al centre de la plaça on jugava.* Jaume Sants i unes peces orgàniques que equilibren massa i buit, i Eudald Serra mostra *Escultura* 1934, «terracuita de forma fàl·lica policromada i cordills», entre altres obres avui desaparegudes com *Pal telegràfic* o *Composició,* que ja són objectes tridimensionals realitzats amb materials quotidians. Tampoc no va faltar la nota crítica detractora que va entrar a sac en el tema, sense salvar ni tan sols el cartell *collage* d'Ortiga que presentava l'exposició. A *La Publicitat* de 29 de març de 1935 es llegia: «Res de nou [...]. Una imitació poc reeixida de Salvador Dalí, així com les "escultures" són una imitació de les obres d'Àngel Ferrant i dels "objectes" de Joan Miró. Per cloure, ni sorprenen, ni indignen, tampoc fan riure, això ja va passar.»

Va ser l'exposició de Picasso, anunciada per al final del 1935 però finalment celebrada a Barcelona al gener del 1936, la que adquireix un significat diguem-ne simbòlic en el procés d'assimilació social de l'avantguarda en aquests anys de preguerra. L'exposició va viatjar després a Madrid amb un idèntic desplegament publicitari, malgrat les reticències de l'artista que, presència anunciada sempre, no va mostrar el mínim interès per intervenir. Va ser organitzada per ADLAN, en aquesta ocasió unint esforços Barcelona i Madrid, i de la selecció d'obra Luis Fernández en va ser el responsable. Es van mostrar vint-i-cinc obres en ordenació cronològica que cobria del 1909 al 1935, elaborada amb criteris de rigorosa novetat formal. Val la pena reproduir quines van ser:

1. *Projet de tapisserie, peinture et papiers collés*. 2. *Peinture* (Appartenant à Mme. Cuttoli). 3. *Papiers collés* (Appartenant à Mme. Lise Deharne). 4. *Guitare et compotier, pastel* (Appartenant à Mme. D'Errazuriz). 5. *Nature morte, peinture* (Appartenant à Mr. Kochnitzki). 6. *Papiers collés* (Appartenant à Dr. Laugier). 7. *Peinture* (Appartenant à Mr. Lipchitz). 8. *L'attelier*. 9. *Deux femmes*. 10. *Jeunes filles devant la fenêtre*. 11. *Peinture* (Appartenant à Mr. Picasso). 12. *Nature Morte, peinture*. 13. *Buste d'homme, peinture*. 14. *Table de toilette, peinture*. 15. *Femme assisse, peinture*. 16. *Nature morte, peinture*. 17. *Nature morte, aquarelle* (Appartenant à la Galerie Pierre). 18. *La guitare, peinture* (Appartenant à Mr. Maurice Raynal). 19. *Papiers collés*. 20. *Dessin*. 21. *Dessin* (Appartenant à Mr. Tristan Tzara). 22. *Metamorphose, peinture*. 23. *Baigneuses à Dinar, peinture*. 24. *Baigneuses, peinture* (Appartenant à Mr. Wildenstein). 25. *Peinture* (Appartenant à Mr. Zervos).

A la contraportada del catàleg s'explicaven d'aquesta manera els motius de la mostra: «En organitzar l'exposició de Picasso, ADLAN ha eliminat del tot aquelles pintures que podien portar al lamentable equívoc que els "imbècils" i els "plagiaris" que actualment omplen les galeries, salons i museus el prenguessin per un dels seus i, al contrari, s'han triat aquelles produccions en què Picasso ens mostra més evidentment ser un poeta i un revolucionari o, més ben dit, aquelles obres en què és, més purament i íntegra que mai, Picasso.»

Com cal suposar, els propòsits i la selecció van irritar i crispar el ja no gens serè panorama artístic peninsular. Tornava a furgar en la ja vella ferida de la impossible reconciliació entre renovació i avantguarda, tancant el breu període d'influències, potser tardanes però poc efectives, encara sensible durant els anys anteriors. El *vernissage*, a més, va ser retransmès per ràdio, amb intervencions de Julio González, Dalí i Luis Fernández. Així va anunciar l'acte *La Veu de Catalunya*: «L'exposició barcelonina de Picasso a la Sala Esteve ha aconseguit reunir obres datades des del 1909 fins al 1935, és a dir, des de l'anomenada època negra passant pel cubisme típic del 1913, pel sobrerealisme cal·ligràfic del 1921 fins a les últimes pintures violentes. El grup Amics de l'Art Nou han eliminat expressament de l'exposició les obres tradicionals de Picasso, creient fer d'aquesta manera una afirmació revolucionària [...]. L'acte inaugural va ser radiat. Joan Alavedra va llegir un manifest d'ADLAN. De Julio González, Salvador Dalí i Luis Fernández es van radiar discos impressionats expressament per a la festa. Joan Miró va dir unes paraules rebels i l'amic de Picasso, Sabatés, va recitar i comentar unes mostres de poesia del dotadíssim artista [...]. Si les pintures de Picasso són, com deia Dalí en el seu disc, "un bon exprés de primera que ha arribat a Barcelona amb quaranta anys de retard", en canvi la literatura del malagueny ha arribat a Barcelona en primer lloc.» (14.1.1936).

Aquí el cronista es va contenir en els límits de la ironia, però *La Publicitat* va ser inclement: «[En l'exposició de Picasso a la Sala

Esteve] Molta gent; molts comentaris i diversos; diàleg i controvèrsia entre els concurrents, 25 pintures provocadores de 1909, de 1913, de 1918, de 1923, de 1935 [...]. Discursos per gramòfon i ràdio i els aplaudiments del grup d'incondicionals en les temptatives de l'art d'avantguarda van fer fàcil la velada [...]. ADLAN pot felicitar-se d'haver utilitzat la Barcelona atenta als batecs del moment. O adversa» (15.1.1936).

Dies després, el poeta Paul Eluard va donar una conferència a la mateixa Sala Esteve, una altra més endavant a la sala d'«Amics de la Poesia» i una última el 25 de gener a l'Ateneu Enciclopèdic Popular sobre surrealisme i comunisme. *La Publicitat*, a més, havia reproduït en la seva primera pàgina el dibuix de Paul Eluard que Picasso havia realitzat expressament. El mateix diari va sintetitzar així la conferència d'Eluard... «poètica i filosòfica» sobre Picasso: «Espanya ha estat ingrata amb Picasso. Lectura d'una inscripció de la *situació* de Picasso feta per Apollinaire. Lectura *social* de l'obra artística. A continuació va llegir un estudi d'André Breton que defineix Picasso com un poeta. Lectura d'alguns poemes de Picasso.»

Fins i tot *La Vanguardia*, desinteressada durant aquests anys per la crítica artística radical, no perd l'ocasió per afegir llenya al foc de la polèmica. Alexandre Plana escriu el 22 de gener a la seva crònica setmanal d'exposicions les següents línies: «Hem d'agrair a la casa Esteve la generositat i l'amplitud de mires amb les quals ha donat l'ocasió al nostre públic de posar-se en contacte amb Picasso, encara que hagi estat a través del vidre interposat pels organitzadors d'aquesta exhibició, que han preferit il·lustrar la seva actitud polèmica amb obres mediocres en gran majoria, del gran artista, que donant a conèixer la multiplicitat del seu estil [...]. Picasso serveix per justificar totes les posicions estètiques [...]. Les obres exposades ens donen una idea parcial i deformada del veritable Picasso, massa variable, complex i personal per tancar-lo en un cercle de radi estret.»

El punt final pot posar-lo Just Cabot, que des del *Mirador* (30.1.1936) va qualificar l'exposició d'*un mal servei a Picasso* i va aprofitar el pretext per llançar una andanada contra les avantguardes: «[...] però ara totes aquestes coses ja han passat. Discutir en pro o en contra de l'art d'avantguarda ja no es porta. Entre altres raons perquè l'art d'avantguarda ja no és avançat, sinó horriblement caduc. La deflació va acabar enfonsant-lo, donat que l'esnobisme, portat a les últimes conseqüències, surt molt car.»

A Madrid, però, on la mostra va arribar al mes de març, l'expectació va ser enorme, però l'acollida menys crispada, o tal vegada més indiferent. Acompanyat també per la conferència d'Eluard, es va editar un catàleg amb text de Guillermo de Torre.

L'última exposició internacional prèvia a l'alçament del general Franco al juliol del 1936, va ser la gran antològica de Giorgio De Chirico presentada a Barcelona novament a la Sala Esteve, al maig, i organitzada per Dalmau. Es van exposar 27 obres la relació de les quals, avui insòlita, val la pena repetir:

1. *La tête de platre* (1915). 2. *Castor et Pollux* (1934). 3. *Meubles dans une vallé* (1930). 4. *Torèt de Pins* (1931). 5. *Portrait de moi-même* (1934). 6. *Les archéologues* (1933). 7. *Orteste et Pilade* (1928). 8. *Fêtes de manequins* (1915). 9. *Achille au bord de la mer* (1933). 10. *Combat de gladiateurs* (1928). 11. *Ville italienne* (1914). 12. *Chevaux* (1934). 13. *Le baigneur mystérieux* (1935). 14. *Les bains mystérieux* (1915). 15. *Castor et Pollux dans una ville* (1934). 16. *Hector et Andromague* (1914). 17. *Gentilhomme et villégiature* (1933). 18. *Combat de Puritains* (1933). 19. *Chevaux et carelia* (1934). 20. *Chevaux au crepuscle* (1934). 21. *Ville italienne* (1914). 22. *Deux chevaux* (1914). 23. *Souvenir d'Italie* (1914). 24. *Chevaux avec château* (1933). 25. *Chevaux antigues* (1929). 26. *Les portiques* (1914). 27. *Temple et fontaine dans une chambre* (1928).

Aquesta exposició tampoc no va satisfer a tothom. Per a E. Gual, crític de *Mirador*, Chirico era un artista passat de moda, encara que havia estat algú important durant els anys de la Gran Guerra... (28.5.1936).

Ara bé, té a més un fort valor testimonial, perquè va coincidir cronològicament amb la col·lecció *Logicocubista*, última intervenció avantguardista de Josep Dalmau, que moriria l'any següent. D'alguna manera, l'exposició va ser també el manifest d'una altra avantguarda impossible en uns anys de ruptures i desautoritzacions ideològiques insalvables que van condicionar per sempre l'evolució radical del nostre art modern. Alguns noms són en si mateixos projectes oberts de la renovació formal a penes esbossats: Maruja Mallo, Planellas, Cristòfol...

* * *

Madrid i Barcelona representen durant la dècada dels anys trenta els espais de debat cultural en què es defineix l'avantguarda. En efecte, es viu un nou ambient cultural i artístic. Per aquestes ciutats desfila tot allò nou i rellevant, des del punt de vista plàstic i creatiu, que havia contribuït a estimular la curiositat estètica durant els anys de forta originalitat que van marcar la primera dècada del segle, i van anar consolidant-se com a alternatives artístiques durant els anys d'entreguerres. Sens dubte és una època de conversions i reconversions artístiques, de manifestos eloqüents, d'associacions i afinitats estètiques i ideològiques efímeres. Cal admetre, amb tot, que els anys republicans mostren, com potser cap altre període en el nostre segle, una forta iniciativa d'obertura estètica, avantguardista o de genuïna capacitat renovadora. Grups minoritaris en incidència social i de formació diversa, però amb projectes de llarg abast que les vicissituds polítiques aniran deprimint fins a la seva completa aniquilació en els mesos de crispació ideològica que van precedir la guerra civil. Aquesta és la *mirada nova*, però, que un visitant sensible va poder assimilar en el considerable desplegament expositiu de Madrid i Barcelona durant aquests anys. Porta els noms de sempre, els que han *fet* l'art contemporani universal: Picasso, González, Miró, Dalí, Gargallo... però convertits ara, al seu torn, en punts de reflexió artística assumits positivament per les noves tendències imaginatives que amb penes i treballs van consolidant-se a tota la Península.

És cert que els artistes més joves llavors no podien passar indemnes per aquests anys nous, i fins i tot el realçament estètic tradicional posterior al 1934 demostra la potència d'una subversió visual mínimament endevinada... que va topar tantes i tantes vegades amb la debilitat de les nostres estructures culturals. No es va saber, potser perquè tampoc no es va poder, convertir en un front renovador el que va acabar atomitzant-se en obres que denoten successives prestacions formals de dubtosa eficàcia estètica. El neoplasticisme, el surrealisme –amb més presència literària que resultats plàstics–, la suggestiva incidència del projecte *cercle et carré*, el constructivisme, un cubisme superficial massa narratiu, entre altres iniciatives i orientacions estilístiques que van donar una armadura formal a nombrosos artistes que no tenien una formació assimilada i desorientats en la desolada successió d'*ismes* que defineix la cultura artística internacional en vigílies de la Segona Guerra Mundial. Artistes que comparteixen una complicitat inicial fonamental: la preocupació, obsessiva en alguns casos, per fer un art nou.

Punts d'harmonia*

Al marge del debat sobre la representació, que sembla protagonitzar l'escena artística contemporània afegint-li tonalitats revellides, coexisteixen avui dia múltiples acostaments a l'obra d'art encara actius que ens situen a una distància més apropiada per calibrar les qualitats estètiques que la singularitzen. Figuratiu o formalista, de continguts narratius o gestuals, el cas és que, entre nosaltres, l'art prossegueix el seu caminar incert amb la condició de sempre. Per a l'artista, la pregunta plantejada en cada nova obra té poc a veure amb els debats del gust contemporani i menys encara amb la publicitat que els esperona. En resum, potser incideixin sobre el públic, sobre el client virtual, però en una mesura que correspon precisar al sociòleg de l'art amb uns criteris més afilats i certs que els assenyalats per la simple opinió, per més eloqüent que aquesta sigui.

La selecció de treballs sobre paper que presenten aquestes línies respon a una iniciativa diàfana. Es pretén accentuar en uns artistes consolidats en el món de l'art actual, la importància del suport mínim, del paper o el cartró en el moment de definir la síntesi formal que fa original una obra d'art. Són artistes de biografia i evolució estètica diversa, sovint trobada fins i tot, amb índexs d'acceptació i actituds artístiques ben definides en el seu món artístic... Però que tot i això, enfrontats a la crua fascinació del paper en blanc, a la fragilitat del conglomerat reordenen el seu llenguatge plàstic en noves estratègies expressives sorprenents pel

* Presentació de l'exposició *El dibujo contemporáneo,* Galeria Netta, Madrid, 1998.

seu refinament i incisivitat formal. Amb això demostren que, malgrat l'existència d'un mercat que imposa la dinàmica de marques i signes diferenciadors com a últim qualificatiu de l'originalitat, l'artista es defineix encara per la curiositat versàtil que permet renovades sorpreses i afavoreix inesperats descobriments.

Convindrem, doncs, que tot art genuí acaba sotmetent-se, d'una manera o d'una altra, a la prova crucial que el qualifica com a tal –el vell desafiament anunciat per l'estètica clàssica amb un breu aforisme: expressar el màxim amb el mínim imprescindible–. Que el temps històric coincideixi amb el temps de l'art i aquest exercici necessari de depuracions il·lumini un nou estil o una ruptura radical en la decantació formal que fa un estil és, fins a cert punt, adjectiu si no estrictament secundari. Allò fonamental descansa, segons la meva manera de veure-ho, en el fet que l'art de qualsevol època es jutja a partir d'aquella tènue premissa clàssica: incrementar la significació estètica contenint el desplegament formal. Aquí cadascú pot afegir noms, tendències, períodes i inflexions estilístiques, de Velázquez a Picasso, de Kiefer a Twombly. Perquè, en efecte, el major enemic del bon art és la barrejada superposició significativa que, en moments d'iconologia difusa, afebleix la comunicació estètica. Amb gràcia, dins la seva peculiar acritud, el desaparegut *connoisseur* Federico Zeri ironitzava sobre un notori iconòleg local entestat a determinar amb la major precisió anatòmica els membres, vísceres i despulles que saturaven la pintura sobre el tema del martiri dels primers cristians en la tradició realista. Va acabar persuadint-se, sorprès, que tot era artifici i realitat il·lusòria. Els artistes recorrien al bon sentit i desmembraven els ocells o quimeres –això tant era– que millor s'ajustaven als seus propòsits visuals. En tot cas anatomies falsejades d'escàs valor més enllà de l'art.

El paper i els seus derivats constitueixen un antic suport artístic. Invocar la Xina, el Japó o l'ancestral tradició de signes oriental de tan notables resultats cal·ligràfics avui ja no té sentit, perquè la nostra civilització globalitzadora converteix els èxits més arcans d'aquelles cultures en instruments accessibles per a qualsevol sensibilitat visual alerta. Potser interessi, però, tornar a la coneguda confessió de Matisse –*Imiter le Chinois*– pel que pugui tenir de simptomàtica la recuperació de la senzillesa formal que exigeix la modernitat més propera. El pretext procedeix d'un cèlebre passatge de Mallarmé:

Imiter le Chinois au coeur limpide et fin
De qui l'extase pure est de peindre la fin
Sur des tasses de neige à la lune ravie
D'une bizarre fleur qui parfume sa vie
Transparente, la fleur qu'il a sentie enfant
Au filigrane bleu de l'âme se greffant.

que estimula en Matisse una evocació doble. Per una banda, de registre sentimental i emotiu –*la fleur qu'il a sentie enfant*–, per l'altra, de caràcter artístic implícit en l'assumpte que ens ocupa. Matisse invoca els xinesos en la recerca d'un tema. Més que una fórmula, necessita una nova seqüència de signes que denotin cada cosa i en assenyalar-la multipliquin la seva capacitat associativa. «He treballat conscientment el meu ofici», confessa. L'artista es retreu no haver fet fins al moment altra cosa que elaborar i reelaborar els seus mitjans d'expressió sensible: «Us he mostrat els meus dibuixos per aprendre a representar un arbre –els arbres?– com si mai no n'hagués representat un. El veig des de la meva finestra: la massa de l'arbre, després l'arbre mateix, el tronc, les branques, les fulles... i llavors les branques i les fulles que es disposen simètricament segons un pla... L'arbre és també tot el conjunt d'efectes que desperta en mi: no pot desempallegar-me de l'emoció que suscita copiar l'arbre amb exactitud, dibuixant les fulles una a una... he de crear un objecte que s'assembli i sembli un arbre. El signe de l'arbre. El punt de coincidència de les meves emocions en ell.»

Les fulles de l'arbre poden ser tractades per qualsevol artista.

Els grans pintors ens han donat la seva lliçó. Claude Lorrain, Poussin han inventat la seva manera d'expressar les fulles, d'imposar el seu llenguatge personal sobre elles. Bé, hem d'*imitar els xinesos*, trobar nous signes que demostrin la capacitat imaginativa de l'artista i obliguin a mirar els arbres, les fulles amb una atenció diferent, que multipliquin el signe fulla en la percepció de l'espectador. En el nostre temps de sobresaturació visual, d'insistència imaginativa es percep amb claredat que la importància d'un artista es mesura amb relació a la quantitat de signes nous que és capaç d'introduir en el llenguatge plàstic, en la gramàtica de l'art que ha fet pròpia. Veiem així fulles *de* Matisse, *de* Picasso, per citar algun exemple, en les quals la transposició il·lusòria del vell naturalisme no compta per a res. S'imposen com a fulles d'artista.

Una selecció de treballs sobre paper. L'artista actua amb un material expressiu del qual coneix les propietats. I fins les ignora intencionadament a vegades per tal de descobrir el màxim de les seves possibilitats formals. L'artista experimenta amb el llapis o el pinzell sobre la superfície rugosa, dúctil o resistent a la pressió de la mà i a la força dels dits. La seva activitat es converteix així en un exercici de tacte, de percepció de les diferents gradacions i textures que descobreixen l'orografia de la nova superfície plàstica. Es tracta, no cal dir-ho, d'una pressió controlada, menys susceptible al retoc i la rectificació que la pintura, sotmesa a l'alquímia dels pigments i oberta a derivacions no sempre reeixides en l'aglutinat cromàtic final.

El dibuix i la intervenció sobre el paper requereixen un mètode perfectament equilibrat que delimiti qualsevol disfunció imprevista i subjecti el lliure fluir gestual. O bé desenvolupi en trames textuals atzaroses aquest fluid matèric fins a transformar-lo en el nucli d'una nova projecció formal. Compareu, com a simple exercici visible, el traç continu –*sans lever la main*– que defineix les àgils figuracions de Matisse, en mesura cardinal *cosa mentale* malgrat el seu inqüestionable efecte decoratiu, i el caos aparent de traceries sobreposades del qual emergeix el nucli expressiu que construeix els apunts de Manet, molt sensible a les marques i irregularitats del suport. O el difuminat equilibrador i volumètric de Lipchitz, per exemple, excel·lent grafista sempre alerta al domini de les ombres.

S'ha accentuat en alguna ocasió que la pintura és un acte d'intervenció. El dibuix ho és encara més, perquè redueix al mínim les possibilitats de rectificació incrementant en conseqüència l'autocensura i el control racional sobre el mitjà plàstic. El dibuix estableix un joc de resistències entre la pressió expressiva i l'aridesa de l'utillatge tècnic –grafits i suports conglomerats. L'economia de gestos –ritualitzats o espontanis– regula l'acció de marcar intencionadament: la gènesi de les formes es percep com un procés de relacions, la intensitat de les quals ve donada pel seu mateix desenvolupament i escapa a qualsevol altra denominació, bé sigui estilística, narrativa o referencial. La dinàmica formal ocupa un espai d'afirmació sensible la força de la qual condiciona el resultat definitiu com a obra acabada.

Twombly deriva els components figuratius cap a un feix de grafismes fàcilment identificables. Les formes plàstiques es transformen en elements dramàtics que controla un subtil cromatisme però que domina l'espai sensible. Les obres es defineixen com a elegants suggeriments que conclouen en els límits exactes del quadre: signes al·lusius, escriptura en suma.

Els primers dibuixos de Beuys, per exemple, són els d'un hereu desdenyós de la filosofia romàntica de la naturalesa, però que ha perdut el respecte sacre que impregna encara la menor acció pictòrica. Ha estat alliçonat pel dadà –fantasia i virulència en camps equidistants– i s'ha convertit en un aprofitat intèrpret de Duchamp: el significat de l'obra és responsabilitat de l'obra mateixa, les seves interpretacions allarguen en el temps la seva capacitat d'intervenció. Amb tot, els dibuixos de Beuys sorgeixen d'una improvisació autònoma i imprevisible, ha escrit Spies. Ara bé, els treballs gràfics de l'artista configuren una de les obres més expressives de la nostra època i mostren sense paraules que la força comunicativa –la seva potència estètica– resulta de la màgica contaminació dels materials.

Kiefer, contràriament, és el mestre de la concisió expressiva. Explora com ningú en la seva generació les possibilitats simbòliques i energètiques dels materials: *assemblage*, *poverisme*, estètica Fluxus estan a l'arrel de la seva discreció sensible. Però amb l'ambigüitat i la imprecisió necessàries per transformar-se en «qualitats pictòriques», entre l'espontaneisme i el materisme de caràcter gestual i efectista. Es tracta de paradoxes conceptuals amb pretensions de representació, ha escrit irònicament un crític previngut. D'acord. Per què no? En fi, matèria i naturalesa com a representacions indissociables. Els grans *in-folio* de Kiefer fantasiegen en obrir-se somnis paisatgístics que poden interpretar-se com a variacions en clau d'un naturalisme arcà i sentimental. Són, potser sense proposar-s'ho, al·lusions al diàleg intemporal entre escriptura i imatge, visió i al·legoria.

Kounellis ha suggerit, al meu entendre exageradament, que l'ofici de pintor és la visió. La pintura quedarà a penes en una mera tècnica, mentre que la visió –l'obra d'art– seria el resultat més acabat de la imaginació. Tal vegada no necessitem abstraccions extremes. La visió es tradueix a la realitat sensible mitjançant un equilibri de formes o estructures formals que traduïdes a estils o llenguatges codificats vigila la història de l'art. O senzillament són mons formals que constitueixen sens dubte la cultura visual d'una època.

La selecció de treballs sobre paper que hem presentat respon –naturalment– a la cultura visual d'una època. Queda limitada, a més, a una generació ja històrica que –al marge de dissonàncies d'espai, sensibilitat i caràcter– comparteix una concepció optimista i transformadora de l'art, activa, dit en una sola paraula. Una generació centrada formalment en l'acceptació –crispada o benèvola– d'un vell llegat il·lusionista que anomenem encara art. Per damunt de qualsevol divergència, les obres exposades mostren curiosament una complicitat compartida que per aquest mateix fet sembla indicar un símptoma de notable densitat per a la sensibilitat estètica contemporània: l'art es replega sobre la seva matèria. Alguna cosa d'allò que aquesta afirmació inquietant pugui significar és un dels nombrosos interrogants que l'espectador curiós ha de plantejar-se davant les obres exposades.

Poussin, el pintor filòsof, anomenava delectació l'objectiu que persegueix la contemplació de tota obra d'art. Però una delectació persuasiva, adjectivava maliciosament André Gide, que alteri d'alguna manera la nostra asèptica indolència de passejants.

EL PASSATGER CLANDESTÍ*
Apreciacions sobre Morandi

1

La pintura és un acte d'intervenció. L'art actua, amb materials senzills fa nous objectes sensibles. L'estratègia subtil d'un joc formal construeix un món d'art. La pintura de Giorgio Morandi és, a més, silenciosa: desplega una gamma de possibilitats d'aproximació il·limitada, sense imposar cap veu que apunti la selecció verbal –paraules– més adequada per facilitar la seva comprensió. La pintura de Morandi construeix unes formes de concordància amb alguna cosa ja feta, per la naturalesa o per la nova realitat de l'art, que voluntàriament es desentén de l'enfrontament històric. És tal vegada una pintura visionària, que absorbeix l'atenció de l'espectador i aniquila qualsevol referència innecessària per l'apropiació estètica d'un drama formal moltes vegades impenetrable. «L'art és sempre una harmonia paral·lela a la naturalesa», repetia Cézanne. Un notable pintor català contemporani, meitat poeta també, ha aconseguit en descriure un gastat paisatge castellà a la vesprada, com a «gràvid de sol, de nostàlgia i silenci...»

En un text magistral, «L'estètica del silenci» (*Styles of Radical Will*, Nova York, 1969), Susan Sontag ha considerat el silenci com una metàfora de la visió neta, ajustada per l'obra d'art que només és possible quan *és vista*, quan no aspira a la comprensió de qui la contempla. Així succeeix amb el paisatge, per exemple: sense transcendència ni ansietat, afinitats o refusos, es veu senzillament.

* Publicat al catàleg *Morandi. Exposición antológica*. Fundación Thyssen-Bornemisza, Madrid, 1999.

Que, més tard, com qualsevol altre objecte de la cultura sensible, pugui interpretar-se a partir d'aquest o d'aquell criteri artístic, suggereix sens dubte una certa violència sobre l'obra d'art que se situa *més a prop* de la plenitud estètica. «En el silenci s'amaga l'anhel de renovació sensorial i cultural», insinua Sontag.

És cert, però, que, des d'un punt de vista historiogràfic, vivim encara forçats per la forma metodològica del positivisme vuitcentista i tendim a veure en els estils una seqüència de narratives formals compactes. Les variables formals han construït un nucli de qualitats artístiques de caràcter estimatiu que ens permeten ordenar en sèries temporals les obres d'art que coincideixen en un moment determinat. L'estil, doncs, entès d'aquesta manera com un producte d'elaboració col·lectiva fonamentat en una presumpta objectivitat –naturalista, geometritzant o matèrica–, que unifica les singularitats lingüístiques pròpies de cada artista. Un repertori de formes es converteix d'aquesta manera en una elaboració simbòlica de la realitat o, com a mínim, la fa versemblant i comprensiva a la mirada contemporània.

L'artista es defineix per la seva capacitat de donar vida a través de les formes a un món de sensibilitat inèdit. La síntesi formal assolida en cada obra nova no és solament l'afirmació de la personalitat artística de l'autor, sinó també el signe individualitzat d'una cosmovisió sensible que s'obre a la comunicació. El color, insistia Renoir, «es raona» més que el dibuix. Demostrava d'aquesta manera, potser paradoxal, que pensar en art pot entendre's fins i tot com la més lleu intensificació tonal que modifica sensiblement un determinat esquema plàstic. Perquè en tota obra d'art s'articula un argument visual el desenvolupament del qual expressa l'excel·lència de l'obra acabada.

2

Giorgio Morandi ha estat un pintor llegendari. La seva personalitat fugissera i distant s'ha situat sempre al marge dels debats, tan sovint agres, que han marcat la nostra modernitat recent. La seva suposada indiferència a fortuna i fama en un clima artístic assenyalat per la rivalitat professional, la militància artística i la mercantilització selectiva han nodrit el mite Morandi: un humil artesà de l'art reclòs a la província bolonyesa i desentès del «malestar modern». Per sort, el creixent interès per la seva obra i la multiplicació de treballs seriosos sobre les condicions estètiques que van fer possible la seva pintura han canviat les coses. Durant els últims anys, el desplegament de mostres individuals ben argumentades ha estat impressionant: la Tate Gallery, Londres, el 1956; Museu de Winterthur, també el 1956; Biennal de São Paulo, el 1957; Biennal de Venècia, el 1966; Royal Academy de Londres, el 1970; San Francisco Museum of Modern Art, el 1981; Kamatura, el 1989; Bolonya, el 1990... fins la recent a la Peggy Guggenheim Collection, del 1998. De la polèmica *Sull Novecento* els anys de *Pittura Metafisica* i *Valori plastici*, fins arribar al *tournant* imaginatiu dels últims temps.

Morandi és avui una presència constant en l'evolució de la sensibilitat moderna. Un artista que s'enfronta al propi treball amb la serietat i la disciplina dels vells mestres. Sense contemporitzacions de tendència ni complicitats de grup: un conscienciós artesà del gravat que va ensenyar a la facultat de Belles Arts de Bolonya, però dotat d'una sensibilitat clàssica per captar les dificultats de la pintura. «Què no es pot dir amb tres pomes?», va tallar Virginia Woolf quan se li exigia unes paraules sobre la condició no naturalista de la pintura actual. Potser l'intempestiu llegat de Longhi a favor de Morandi, en la famosa lliçó inaugural de Bolonya del 1934, no contribuís gaire a aclarir les coses, ja que situava el pintor en el deixant imprecís de la italianitat artística –flanquejat amb força, és cert, entre Guido Reni i els Carracci– aquells anys de zinc que varen preludiar el nacionalisme artístic de la batalla. Sembla que Ardengo Soffici anava més ben encaminat en la breu semblança del 1932. Un pintor, deia, que intenta «crear un conjunt harmoniós de colors, formes i volums que obeeixen exclusivament a les lleis de la unitat, com la bellesa dels acords». En definitiva, assenyalava sense anomenar-les les polaritzacions que van radicalitzar el transcurs pictòric de Morandi: una força que anomenaríem clàssica –entroncada amb la tradició visual moderna– per argumentar visualment i la voluntat sempre activa de sostreure l'obra al decorativisme que amb una facilitat fictícia podria desvirtuar-la. Per això el pintor delimita en una data molt primerenca els camps d'activitat més subtils per a la seva severa experimentació formal: el paisatge i les naturaleses mortes o els bodegons.

Ara bé, m'agradaria accentuar aquí l'estreta vinculació de Morandi amb el que seria aquesta tradició moderna de la pintura, feta de ruptures radicals en els dos àmbits que defineixen el gènere pictòric: la percepció de les qualitats formals que van transformar un determinat objecte físic en una obra d'art, i la limitació de l'espai dramàtic de la representació pictòrica, situada ara més enllà del contenidor il·lusionista modelat per les traceries arquitectòniques del classicisme. Es tracta, d'aquesta manera, de centrar la reflexió sobre les possibilitats de la pintura sobre un eix transcendent –l'obsessió de la bellesa absoluta– i substituir l'espai tridimensional il·lusori per un exercici d'activitat intel·lectual visualitzat, sempre en la doble dimensió de la superfície del quadre, que dissolgui la materialitat dels objectes quotidians en les pures sensacions cromàtiques i volumètriques dissociades de la representació. «Ampolles beix, roses i grises de Morandi, en sublim monòdia sobre despoblat», va escriure Antonio Saura en un gest d'admiració. En una coneguda entrevista radiofònica del 1957, Morandi havia aventurat: «Res és més abstracte... que la realitat.»

Potser aquesta és una correcta proposició de partida per als plantejaments que segueixen: la realitat pictòrica entesa com una construcció formal abstracta, feta a partir dels signes artificials de l'art. Veurem que la condició diària de tants objectes morandians –vasos, ampolles, gerres– obsessivament repetits en el temps fabulador de l'artista, els paisatges, a penes apuntats i transfigurats en associacions *només* formals, són pretextos irrellevants per a una reflexió original sobre les arrels de la percepció pictòrica, i representen la definició més objectiva del seu llenguatge artístic. Però des de *dins* de la història de l'art, per descomptat. En una línia evolutiva que associa Giotto amb Massaccio, Chardin amb Corot, per tancar-se amb Seurat i Cézanne, segons confessió de l'artista. Però amb una saludable lectura del cubisme analític, convé afegir amb cautela. També per a Morandi l'espai modern és obert i ens exigeix la superposició de punts de visió que forcen dissociacions planimètriques i lineals ideals –només a través d'aquests es desplega la bellesa enigmàtica de la seva obra–. És veritat, pintar vol dir ordenar les coses. Traduir a la realitat de l'obra un sentiment, una idea que pugna per articular-se, per fer-se objecte, en la imaginació de l'artista.

3

Ara voldria centrar-me en alguns *moments* de l'activitat artística de Morandi que aclareixen –quasi visualitzen, he estat temptat de dir– el curiós procés creatiu del pintor.

Les primeres naturaleses, del 1914 al 1918, mostren l'assimilació escrupolosament formal, sense adherències teòriques ni programàtiques, de la sintaxi estilística del cubisme –l'estètica cubista, si va existir, va ser una altra cosa ben diferent–. Ara bé, la gramàtica cubista es tradueix en la primera obra de Morandi en un supòsit radical però constant: l'espai sensible és un element pictòric actiu en el qual es desenvolupa l'*unità dramatica* que equilibra les tensions formals del conjunt plàstic. A *Naturalesa* (1916), avui al MOMA, les formes cromàtiques són el centre de la representació: el fons és indicat per horitzontals i les obliqües defineixen les ombres. És veritat que les formes centrals protagonitzen la composició, però no responen ja a una certa diguem-ne espontaneïtat, sinó a un precís plantejament constructiu. Són el resultat d'un elaborat càlcul tectònic interessadament introduït per l'artista com el succedani d'unes formes naturals cada vegada més remotes. El contrapunt lineal i cromàtic dels horitzons –base i fons– serveix per intensificar el rectangle fonamental en què les figures es realitzen. A *Naturalesa* (1918), avui a Milà, o en alguna altra obra d'impacte cubista datada entre 1918-1919, els cubs i les esferes, elements bàsics de les escenografies cubistes, sembla que es transformen en variacions sobre el dibuix i la seva capacitat per representar cossos sòlids sobre una superfície plana. Com he deixat apuntat més amunt, aquestes formes són ja signes artificials, més senzills i regulars que els nous equivalents naturals, en els quals l'instant gestual queda sacrificat a l'harmonia d'ordre pictòric. Les naturaleses d'aquest breu període denoten aquest distanciament naturalista amb més aplom, sens dubte, que alguns dels millors exponents *metafísics* contemporanis de registre figuratiu i de connotacions surrealistes. La realitat del quadre s'imposa d'aquesta manera com una cosa perdurable i immutable «que abandona la multiplicitat del món físic a favor de la serenitat impertorbable de l'obra d'art».

En els treballs d'aquests anys resulta difícil precisar la importància que va poder tenir per a Morandi l'amistat amb Carrà i fins i tot la seva tènue aproximació a les estètiques de *Valori plastici*, encara que la seva amistat amb Mario Broglio –col·leccionista de primera hora– està ben documentada i va compartir espai compositiu amb assenyalats artistes del grup. La reivindicació dels valors formals de l'obra d'art, encara que dins l'àmbit restrictiu de l'època, havia de constituir un potent atractiu en moments de declarat dirigisme ideològic i pamfletàries estratègies artístiques de consigna. No pot sorprendre, d'aquesta manera, la persistent afinitat de Morandi amb De Pisis, per exemple. Sembla obvi que a Morandi sempre li va interessar el *realisme plàstic* que impera en la pintura metafísica, particularment la de Carrà i Severini, encara que no entengués ni volgués entendre les estridents declaracions ni els fulminants pilars estètics del moviment. Morandi havia de sentir-se incòmode, a més, davant el refús frontal i avantguardista del passat pictòric, en aquells temps compartit per tothom, i davant el posat estètic provocador i altiu dels futuristes. El Boccioni gestual quedava lluny dels interessos pictòrics de Morandi, ja ben definits, i els guarda-robes classicistes de De Chirico massa «fluixos» des d'un punt de vista estrictament formal.

La biografia de Morandi està encara per escriure, com a mínim en el sentit anglosaxó del gènere que exigeix anar desfullant els dies de l'artista, si això posseeix algun sentit per a la comprensió de l'obra. En el cas de Morandi sembla inversemblant. Amb tot, algunes assenyalades temptatives d'apropament biogràfic al personatge van destil·lant de la correspondència amb amics i contemporanis. Una autèntica biografia obliqua, però, pot traçar-se a partir de les notes exhaustives que Marilena Pasquali ha afegit a les seves edicions d'inèdits de l'artista, avui a la Fundació Morandi de Bolonya. Així, una carta de Brandi de l'1 de març de 1939 serveix per fer un comentari significatiu sobre la recepció crítica de les obres de Morandi presentades a la Terza Quadriennale (12 de febrer de 1939). *Quadrivio* de Roma va publicar el mateix dia una agra –i transparent– desautorització de Morandi, persona i obra, firmada per Luigi Bartolini, antic amic i detractor enverinat ara. Curiosament en el pol oposat hem de situar Umberto Eco –atzarós comentarista artístic més ben dotat per a la reconstrucció històrica–. Eco, reticent davant una abundància figurativa que ell entén com a arriscadament decorativista, *es reconcilia* amb Morandi quan descobreix en la topografia urbana de Bolonya els signes d'identitat de les fantasies imaginatives del pintor. Per a fortuna nostra, per a l'artista la pintura era sobretot –i aquí emergeix de nou el respectuós classicista– rigorosa activitat intel·lectual a partir de fonaments sensibles ocasionals. També durant molts anys es va pretendre considerar el cubisme com un fenomen plàstic espanyol per antonomàsia: l'abrupta orografia peninsular *tallava* el paisatge amb modulacions cubistes *avant la lettre*...

Però encara resta un altre punt que aproxima les primeres *naturaleses* de Morandi al projecte constructiu cubista. Apunta a la preferència per la realitat física dels objectes en la definició d'un camp pictòric determinat. Per a Morandi, com per a les teories cubistes menys dogmàtiques –Braque seria un bon exemple– els objectes representats en l'escena plàstica han de mostrar el seu caràcter d'objectivacions. Això és que en ells ha estat eliminada tota referència ocasional o temporal –ni il·luminació focal ni reduccions perspectivistes– per convertir-los en estructures tectòniques forjades a partir d'una carcassa lineal transparent –formes bàsiques a penes esbossades sobre plans de projecció– que eludeixen tota indefinició impressionista. Així es projecten nuclis formals fixos en els quals només el color de les superfícies planes i l'envelat complementari de les ombres converteixen en volums compactes. Compareu, a aquest efecte, la *Naturalesa* de la col·lecció Jucker del 1918 i la projecció perspectivista de *Naturalesa* (1920). Les disseccions de l'ombra tallades en plans superposats s'han debilitat per convertir-se en una composició forçosament naturalista, ordenada sobre un pla el·líptic on reposen en equilibri impossible diversos objectes comuns. Més tard, en les naturaleses dels anys trenta, l'aspre entaulament cubista ha desaparegut per donar entrada a un projecte constructiu «més al·lusiu que concret», en què els valors perceptius dels objectes es graduen emotivament –per raó d'una discutible energia cromàtica– per dirigir l'ordenament bidimensional de la composició.

Sembla acceptable, doncs, que en la pintura primerenca de Morandi les estètiques cubistes han contribuït decisivament en una actitud formal que defineix, com segurament cap altra, la situació de l'artista modern. Dit d'una manera abrupta, «haurien desviat la seva atenció del món per dirigir-la cap a l'art», com va sentenciar Hoftmann. Potser es tractava de sublimar a través de l'obra d'art la mirada sobre les coses i reconstruir-les amb uns mitjans exclusivament plàstics i d'aquí ve, en conseqüència, que la persistència en les pintures de Morandi d'uns objectes determinats, sempre els mateixos, adquireixi una significació quasi anecdòtica. Fins i tot quan es tracta del paisatge, pretext tradicional per a la innovació formal. La realitat, així, apareix transformada en un objecte d'exploració artística en el qual «res no és donat al pintor», que ha d'inventar en cada obra nova la síntesi d'equilibris visuals adequada. En aquest punt, la proposta de sèries pictòriques adquireix la seva dimensió real en l'evolució creativa de Morandi. Per exemple en algunes naturaleses seriades del 1941: només cal una senzilla alteració de l'ordre dels objectes per transformar el conjunt pictòric. L'espai s'expandeix horitzontalment o es concentra en funció del nou ajustament visual. Un altre exemple vàlid seria comparar *Naturalesa* (1946) –a la Tate Gallery de Londres– amb el gravat *Gran naturalesa morta circular amb ampolla i tres objectes*, també del 1946, de The Dayton Art Institute, Ohio. Es tracta de dues concepcions espacials ben diferents –oberta a l'oli i concentrada pel cercle al gravat–. L'ordenació formal, l'energia cromàtica i el contrapunt instrumental de les ombres expressen opcions constructives diferenciades i originals.

4

Tornem, d'aquesta manera, al diàleg amb Cézanne. Cézanne és el centre nodal en l'itinerari imaginatiu de Morandi i el detonant –és una manera de dir– de la transformació sensible de la mirada moderna. Tothom sap que Cézanne havia renunciat al microcosmos formal impressionista, i havia abandonat amb el temps el brillant color fragmentat i fugaç que captava l'*instant* en la percepció visual dels objectes naturals. S'havia distanciat també de la tècnica de l'ombrejat com a correcte aglutinant espacial per convertir-lo en un element bàsic del modelatge volumètric. Els paisatges madurs de Cézanne no són ja reflexos positius i audaços d'una impressió de la retina, al contrari, arrenquen d'una concisa reflexió constructiva. D'aquesta manera converteixen la realitat natural en un artificiós complex uniforme. «Tot el que veiem s'expandeix, fuig –confiava Cézanne a Gasquet–. Però la naturalesa sempre és la mateixa, encara que de la seva aparença no en quedi res. El nostre art ha de transmetre allò elevat de la duració. Abans que res hem de fer visible la seva perpetuïtat.» Potser el preu fos aquesta vaguetat difusa que expressen molt bé els últims paisatges, sovint discutida, i la concordança violenta que imposa la densitat de les formes en un exercici figuratiu ordenat prioritàriament pel rigor constructiu.

Alguns paisatges de Morandi durant la dècada dels trenta se situen en un encreuament amb Cézanne. *Paisatge* (1935, Museu Cívic de Torí), *Paisatge* (1936, avui a la Galeria Nazionale d'Arte Moderno de Roma) i també *Naturalesa*, del 1938, de la col·lecció Krugier de Ginebra. El lèxic formal de Morandi es va definint gradualment i la densitat cromàtica adquireix un protagonisme notable: les tonalitats, els matisos es converteixen en vectors plàstics que adquireixen volum i se superposen als objectes figuratius dissolvent-los en formes. Les ampolles, les gerres, els objectes diaris es difuminen en formes sensibles que expressen una experiència visual sobre l'espai plàstic i subverteixen les convencions tradicionals del gènere: ara són configuracions artificials, inventades, creades des de les coses. No pot sorprendre, d'aquesta manera, l'atmosfera temptativa i imprecisa que sorgeix de les composicions de Morandi; sense necessitat, per descomptat, d'apel·lar a la llegendària capa de pols neutralitzadora que segons sembla cobria els «trastos» de l'estudi, ni a l'artefacte de cristall fumat o els prismàtics invertits com a mitjans tècnics de desfiguració natural. Potser simples eines de taller que poc tenen a veure amb la densitat dels objectes visuals de Morandi.

Lionello Venturi –*Painting and Painters*, Londres, 1956– ha argumentat que la conversió del paisatge en un camp d'experimentació artística és un criteri que es consolida durant el segle XIX. El paisatge dins la tractadística clàssica podia ser una circumstància del gust, un decorat artificiós i adjectiu sobreposat a la trama narrativa que demostrava les habilitats estrictament pictòriques de l'artista. Ara bé, a partir de Chardin i Corot el paisatge es converteix en un ideari estètic en el qual es resol el món conceptual de l'expressió artística. Ara el paisatge trasllueix el *state of mind* de l'artista i mostra la seva capacitat per fer dels estímuls naturals una seqüència de valors plàstics dotada de notable eficàcia emotiva. *El pont de Narni* (1872) de Corot, avui a la National Gallery d'Ottawa, és tal vegada un bon exemple per entendre aquesta conversió estètica. Els grocs terrosos i els grisos locals han estat sotmesos a un bany d'ombra blanquinosa que figura les aigües del Nera i protagonitza la pintura. Sobre aquest primer pla, el pont trencat apunta, a la llunyania, al blau desvagat i als grisos clars dels turons.

La recuperació actual de les correspondències de Morandi, la que va mantenir amb Cesare Brandi és particularment important ja que cobreix quasi tota la vida del pintor, anirà omplint les llacunes encara avui notables i descobrint afinitats estètiques i fins i tot narratives malgrat el caràcter puntual i reservat que caracteritzen les confidències de Morandi. A penes es discuteix avui, i vull insistir en això, que Cézanne va obrir els ulls de l'artista a la senzilla definició de les coses amb els mitjans més tradicionals de la pintura. Chardin i Corot l'havien iniciat ja en els seus anys de formació en el coneixement de la condició, real i misteriosa a la vegada, que el gran art descobreix en les associacions que es donen entre les coses. L'experiència cubista, a més, el va ajudar a concebre l'espai com a l'entramat actiu on ha de realitzar-se el debat sensible, concretant-se en la més encertada selecció formal.

En efecte, Hoftmann –que va tractar Morandi i el va considerar «un pintor exemplar»– justifica l'absència de figures humanes entre els temes del pintor com una conseqüència lògica de les seves concepcions estètiques. En la seva opinió, totes les seves pintures són naturaleses en major o menor grau. Morandi les ha treballat en una «atmosfera de soledat» i són el resultat eloqüent d'un diàleg formal sempre tens. En efecte, aquests objectes transformats són així l'única definició pictòrica que podem sostreure de l'artista: la realitat natural tot just si arriba a insinuar un univers d'art que podríem anomenar preformal i que només adquireix vigència quan l'articula la claredat pictòrica. Una anècdota sembla que verídica es refereix al desconcert de Morandi quan, des de la finestra del seu estudi bolonyès, l'emblanquiment ocasional d'un mur proper alterava el seu *motiu* pictòric. Abandonava llavors l'obra, incapaç d'integrar en la seva visió aquella tonalitat estranya.

La pintura de Morandi, però, ha aconseguit durant les últimes dècades l'atenció que mereix i el seu lloc en la definició contemporània de l'antiga pràctica artística. La seva obra es perfila avui amb la complexitat exigida. Els treballs pioners de Brandi i Briganti –entre els millors– han retornat el rigor al debat sobre els realismes perceptius en els quals Morandi sempre té un protagonisme d'excepció. La seva obra ha marcat noves orientacions, potser silenciades massa temps, confinat a una excepcionalitat sospitosa. És veritat que després de Cézanne les pomes són objectes bidimensionals a la nostra mirada; després de Picasso la figura humana es descompon diagonalment en plans, tallats per línies rectores; després de Mondrian el paisatge urbà –el paisatge del nostre segle– dóna vida a una quadrícula reiterativa de tons neutres. Però també és veritat que després de Morandi... entenem amb claredat un fet simple: qualsevol objecte sàviament col·locat genera el seu propi espai, que s'afirma davant allò conegut com una forma artística autònoma i activa.

El color resulta ser l'aglutinant visual del complex entramat d'accions perceptives que coincideixen en l'acte de veure. Morandi ho havia intuït l'any 1939: «En el moment en què els pots i les ampolles s'afirmen davant els nostres ulls [...] la seva forma cedeix vençuda per una atmosfera que la descompon.» En Morandi, les formes sensibles s'articulen a través d'un color *de posició*, com agudament s'ha definit, que ja no és local ni forjat en la paleta: ve imposat per les relacions de proximitat que estableix la llum entre els colors contigus. Són, doncs, autèntics espais cromàtics que transmeten la *vida* del quadre amb igual o més densitat que els deixants difusos dels objectes representats.

Les últimes sèries de Morandi corroboren aquest original tractament de la naturalesa i el depuren a extrems quasi abstractes. *Naturalesa* del 1954 (Gemeente Museum, l'Haia) disposa els objectes en una diagonal cromàtica que ressalta amb força sobre un segon nivell de cossos de color. Diferents *naturaleses* de la dècada dels cinquanta accentuen aquesta mateixa estratègia compositiva, però estructurada en horitzontal, desplaçant els objectes cap a la dreta o el centre segons l'ombra, sempre formal i «poc natural», que subratlla la asimetria compositiva del conjunt.

5

Siri Hustvedt ha assenyalat la importància de l'ordre formal en les *sèries* pictòriques de Morandi i la presència fonamental de les construccions geomètriques no concretes –cilindres, cubs o simples volums colorejats–. Sostenen l'equilibri cromàtic espacial. Per citar només un exemple, la coneguda sèrie de sis naturaleses del 1952, en la qual Morandi utilitza un drap groc, arrugat, per obtenir valors cromàtics variables induint noves disposicions espacials. De fet, les últimes obres del pintor s'afirmen sobre petits formats. Els objectes de la naturalesa sembla que posseeixen consistència pròpia i assoleixen, però, el màxim de simplicitat i abstracció, com *Naturalesa* (1963, Museu Morandi de Bolonya). Per sort es conserven els dibuixos preparatoris que permeten subratllar l'entitat del clarobscur en l'equilibri formal de la composició.

Resulta llavors, i és una dada important per definir l'envergadura contemporània del llegat artístic de Morandi, que les naturaleses quasi es «fan paisatges» en dissoldre's els volums en un espai cromàtic cada vegada més obert i contundent.

Cézanne s'esforçava sempre a explicar el seu treball creatiu. L'equilibrava entre dues polaritzacions d'invenció pròpia: l'*esdevenir* i el *fer*. Es tracta de dues idees aparentment oposades que ens faciliten una aproximació positiva a la pintura de Morandi. L'artista pot entregar-se involuntàriament al món de les aparences sensibles –així actuava el pintor impressionista– i alliberar-se de tot allò conegut davant l'experiència sensorial. O també pot intervenir en el món de l'art estructurant-lo a partir d'un esquema conceptual. Es tracta, doncs, de pintar la presència de les coses però sense les coses, representar allò que roman en les formes fugisseres que ens presenta la realitat.

El primer estadi d'una pintura és, sens dubte, de caràcter prefiguratiu. Els continguts formals encara no estan entrellaçats amb determinats continguts objectius. Però l'artista sotmet a un ordre racional aquest esdevenir-se i el *construeix,* en una paraula. Cézanne va voler ser clar d'una vegada per totes: «Dirigeixo el procés de realització de la meva pintura interrelacionant-ho tot en un esforç simultani: les línies formen combinacions, es converteixen en objectes [...] van configurant volums.» Però les formes acaben imposant la seva llei, i l'artista sembla resignat a la contradicció d'un testimoni actiu en aquest procés singular: «A vegades m'imagino els colors com a grans noümens, com a idees vives o éssers d'intel·ligència pura. No penso en res quan pinto: veig colors que s'ordenen com volen, tot s'organitza a través de les taques de color: camps, cases...»

També en l'univers pictòric de Morandi la necessitat formal acaba apoderant-se del procés creatiu. Tot respon a una potent trama constructiva que doblega les argúcies convencionals del gènere. En la intenció de l'artista, paisatge i naturalesa es confonen. Vella convicció pictòrica que potser no és la menor lliçó de

Morandi com a *pintor*. La pintura s'ha transformat en una recerca obsessiva d'allò real, que converteix les coses diàries en deixants inestables de moments de veritat estètica. Al final, Morandi ha aconseguit infiltrar-se entre el passatge que aborda la nau d'una modernitat quimèrica amb el seu breu equipatge de fantasies. Irreductible. Incòmode. Sempre a distància de les habituals determinacions –ideològiques, estètiques i fins estilístiques– que han pretès imposar-se per desdibuixar la seva obra i dissoldre-la en el *seu temps*. Com aventurava un clàssic inclement: *Sanza infamia e sanza lodo*. Sense taca ni concessió. Quasi un *emblema*.

Trames*

* *Trama*: seqüència interrelacionada d'una narració. També *argument*.

SENTIMENT I FORMA*

... en aquests signes deliberadament
elegits que anomenem obres d'art.
S. K. LANGER, 1953

I

Discernir l'originalitat del deliri i el disbarat de l'art, aquest era l'objectiu que el jove historiador de tendències orteguianes Enrique Lafuente Ferrari s'imposava, a la meitat de la dècada dels anys vint, com a criteri vertebrador de la seva activitat historiogràfica. Fer ús, per descomptat, de l'erudició referencial necessària però sense ofegar «el sentiment en la nova dada formal, ni la forma en el forçat desfogament del sentiment». Potser reiterava així el radical consell del caut *connoisseur* Berenson en el tombant de segle: distingir l'originalitat de la incompetència. En tot art genuí, ens deia, la tensió del present és una crida radical a una ruptura de resultats imprevisibles... que al llarg del temps només s'ha d'interpretar a partir de la pròpia història de l'art. També Walter Benjamin al prefaci crític que obre *L'origen del drama barroc alemany* (1925) avança una advertència que pot resultar lluminosa per a l'assumpte que ens ocupa: «Quant a la història de l'art [...] no és en allò universal, en l'excés on hem d'indagar, ja que l'art s'expressa sempre en la seva totalitat en cada nova obra particular i única.»

En paraules més properes a nosaltres, podríem dir que davant un projecte de recuperació del valor històric temporal de les obres

* Presentació de l'exposició *Un segle de pintura valenciana*, IVAM, primavera del 1993.

d'art, imperatiu de tota historiografia que aspiri al rigor descriptiu, convé prestar la deguda atenció al present essencial de l'obra d'art. Forjada en una realitat determinada, l'obra d'art pretén, però, transmetre, estimular o provocar una experiència estètica sempre nova i diferent que ens permetrà parlar amb possibilitats de verificació de les seves qualitats estètiques. L'obra d'art neix encadenada a la selecció formal que la constitueix, transformant-se en alguna cosa com una ocasió fortuïta, feliç o fracassada, de realitzar a la superfície nua del quadre un gest plàstic que ens comuniqui un estat mental, però també una síntesi constructiva dels llenguatges que el temps de l'art ens possibilita en els més diversos *ara* històrics. Es fa ineludible, d'aquesta manera, profunditzar en aquestes obres singulars per jutjar els resultats de la tensa opció formal que l'artista va considerar adequada intencionalment en el moment de la seva creació. Realisme, figuració, construcció, intervenció són poc més que agafadors instrumentals per diferenciar històricament aquesta qüestió cardinal en tot art genuí: allò rellevant és l'expressió i el resultat formal. Es parla de discernir, en efecte, el que queda en l'obra d'art de l'eclecticisme metòdic i l'escepticisme conceptual tant patents en les arrels de la pintura moderna, és a dir, actual, dividida entre el fort passat de la disciplina, l'abús d'una memòria visual indiscriminada i la viva consciència imaginativa personal, que es debat entre les plurals metamorfosis creatives que condicionen la nostra mirada culta. El nostre art modern, s'ha dit amb perspicàcia, viu amb dramatisme la condició de la seva modernitat: l'emancipació del mitjà expressiu és una manera elegant d'afirmar que les *formes* plàstiques compten també amb la seva pròpia història d'èxits i *pastiches*.

Com que, en suma, d'això es tracta, l'obra d'art és capaç d'*actuar* per si mateixa o necessita una elaborada gradació referencial que la faci comprensible? Qualsevol obra d'art treta del seu context originari –bé sigui en una exposició temporal o al museu– es transforma en la relíquia d'una presència pretèrita que evoca una determinada herència cultural davant un públic majoritàriament àton? Segurament un espectador escolaritzat argumenti que qualsevol és capaç d'accedir al contingut de veritat d'una obra d'art sense les crosses de les mediacions interpretatives si, de fet, posseeix la sensibilitat requerida. Tal vegada. Però per això seria necessari unir dues sensibilitats sovint contraposades que la nostra societat ha disgregat, a més, professionalment: l'historiador que analitza la gènesi narrativa de l'objecte estètic, i el crític que qualifica les qualitats sígniques i visuals de l'obra d'art. Rainer Rochlitz, estudiós dels criteris que informen l'art contemporani, ha assenyalat recentment que només poden acceptar-se amb serietat tres motius per discutir la pretensió artística d'una obra/acció/intervenció des d'un punt de vista actual. Que sigui només personal; que només sigui document o testimoni d'una altra cosa; que sigui amateurisme o pastitx. Argumentant, però, el primer motiu s'hauria de distingir entre l'interès purament privat d'una obra i les seves qualitats formals, que poden ser intel·ligibles al marge o contra els elements referencials diguem-ne privats. Quant al segon, un objecte d'art ens pot oferir informació sobre moltes coses, ja que el que aquí ens interessa saber és la seva capacitat crítica per assolir una visió plàstica coherent en raó de la seva energia simbòlica i la pluralitat d'interpretacions que aquesta permeti. Pel que fa al tercer, parlem de l'artista com de qui posseeix una forma de veure que li és particular, però alhora, de la capacitat de saber traduir aquesta visió a formes comunicables.

La confusió entre els diferents nivells d'interpretació és responsable, amb freqüència mortal, de molta de la indiferència i tota la indignació irada que suscita l'art del nostre temps. El *fet de pintar* implica, sens dubte, unes opcions estilístiques estables i una selecció formal personalitzada. *Què és la pintura*, al contrari, exigeix un recorregut atent per un gènere expressiu consolidat al llarg de la història, sempre de valor adjectiu en la història de l'art. Discernir una *bona pintura*, a l'últim, requereix el consens d'un entramat cultural complex en què l'historiador, el crític, el conservador, el galerista, l'espectador més o menys perplex creuen tenir alguna cosa a dir. Només des d'aquesta conjectura de polaritzacions sempre en pugna es poden argumentar persuasivament els valors estètics que fan comunicativa una superfície amb color. Sincerament haurem d'admetre, arribats en aquest punt, que el judici del gust s'educa també i adquireix unes connotacions de distinció o diferenciació que responen a un lent procés d'aprenentatge i evidencien la convergència de factors diversos. Un museu realment educatiu ha de proposar-se com a objectiu no gens trivial el refinament de les nostres percepcions..., deia, crec recordar, un text fundacional de la museografia als inicis del segle. Un al·legat desatès a favor de la cultura del gust.

II

Els objectius de la mostra *Un segle de pintura valenciana, 1880-1980. Intuïcions i propostes* són limitats. Suggereix un passeig a camp obert al llarg de cent anys de pintura valenciana, això és, per la pintura feta, viscuda, entesa i fins i tot *negada* des de València. Ara bé, penso que mai seran sobreres algunes precisions que ajudin, si es presenta l'ocasió, el curiós passejant amb problemes.

Una categoria que s'ajusta bé a l'art modern és la seva voluntat d'universalitat, o com a mínim d'interrelació cultural, per dir-ho d'alguna manera, extraterritorial. Amb tot, per què negar-ho, la consideració local de l'art des d'un punt de vista històric arrenca amb el nostre segle i remet, sense dissimular-ho gaire, al regeneracionisme petitburgès i presumptament integrador que va pretendre *vertebrar* la societat espanyola després del desgavell del noranta-vuit. Encara que, ben mirat, els qui sostenen la persistència d'una vella tradició artística valenciana, o amb major alè mediterrani, es veuen apressats a l'inventari no sempre feliç de massa tòpics escumats bé entre una eloqüent retòrica folklorista de dubtosa consistència històrica, bé dels trets més sobresortints d'una pretesa herència castissa. Es tracti, segons els casos, d'opinions fetes amb pressa de viatge –de Münzer a Meier-Graefe i Virginia Woolf– o de residus del romanticisme metodològic en voga temps enrere del gènere *tipus i llocs*. Ortega y Gasset ha arribat a una formulació apropiada de l'assumpte que, d'entrada, pot servir per entendre'ns. Data del 1910. «El *pathos* del Sud! Tint esplèndid del cel, energia plàstica dels colors, vivacitat en els moviments; propensió a exterioritzar un erotisme hiperbòlic, una certa espontaneïtat de la retina per rebre sistematitzades les formes de les coses; gestos gràcils, expressius... el *pathos* del Sud, el mediterranisme [...]. Ara bé, els grecs van veure aviat que no constituïa un valor històric la comunitat ètnica, la condicionalitat del seu clima... Grecs són no els qui vénen d'una família, sinó els qui participen de la cultura (*paideia*) hel·lènica [...]. Si avui ens porta algun atractiu el gest mediterrani no és per ell mateix, sinó perquè els grecs el van potenciar injectant-hi una vitalitat superior: la seva cultura [...]. Només desitjo que el Sud signifiqui alguna cosa més que una situació geogràfica, alguna cosa més que una temperatura en l'aire. Només desitjo que el Sud signifiqui una *forma de la cultura.*»

La qualitat artística podria ser també, al meu entendre, un acceptable mòdul d'ordenació de la nostra cultura artística, si el concepte no ens precipités, a la vegada, cap a un laberint de contraposats difícil de defugir. Què s'entén per *qualitat* artística? Habitualment es tracta d'un terme equívoc –qualitat [*calidad*] i qualitats [*cualidad*] no són els mateixos mots– que s'utilitza amb caràcter estimatiu per designar el conjunt de qualitats d'una obra artística. Romero Brest ha aportat sobre això un aclariment a tenir en compte. Quan es diu d'un artista que té qualitat –escriu– es volen destacar, de fet, certes qualitats pròpies de la matèria que usa, de la mateixa manera que es destaca la qualitat d'un gènere, d'una nota o d'un paper... Però també hi ha una referència a les formes: l'artista de qualitat és el que revela una sensibilitat inèdita, una capacitat d'imaginar no gens corrent i una potència peculiar per expressar-se.

Amb tot, per la part que em toca he de confessar que a hores d'ara dubto de la consistència d'una tradició autòctona ni que sigui cultural, ja que, com en tantes altres coses, els llenguatges de l'art representen metamorfosis personalitzades d'àrdues qüestions de percepció i representació que impregnen d'una manera total el nostre pensament visual. He argumentat abans que la sensibilitat també s'educa i només pot assolir-se mitjançant l'exercici continuat de l'atenció veient-ho tot un i altre cop, com recomanava don Juan Lozoya, des de les coses òptimes fins a les coses pèssimes amb infinites quantitats de paciència i ànim, pressuposant sempre, és clar, que l'artista va compartir una decisió resolta d'aconseguir bellesa formal i despertar el nostre interès sensible.

Però tornem a la nostra exposició. Les obres presentades en aquesta ocasió a la mirada del senyor que passeja s'ordenen amb criteris escrupolosament cronològics que parteixen d'unes òbvies coordenades historiogràfiques i estilístiques: es tracta de recompondre per dècades no sempre rodones, presentades per un crític de la cultura, que intertextualitzi les obres plàstiques, o un historiador de l'art que en traci l'ordidura iconogràfica, el que ha estat per a nosaltres la pintura entre dos finals de segle. Però la pintura concebuda com una vella activitat humana i un *ofici* modern de tipus artesanal, obstinat des de sempre en la fixació ordenada d'un signe sensible, individual, sobre una superfície bidimensional amb intencionalitat comunicativa. M'he proposat ordenar en artistes que considero emblemàtics, com es diu avui, els moments més significatius o determinants de la seva evolució formal, els més ben compassats al seu temps íntim de ruptura i reconstrucció visual. Aquelles obres d'art, doncs, que des del seu temps històric van tractar de superar els límits estètics i ideològics visuals gastats i van apostar per altres llenguatges d'art a l'hora de dibuixar un itinerari imaginatiu propi. El meu mètode selectiu és senzill. Té en compte prioritàriament la fortuna crítica dels pintors, la seva aportació renovadora al temps històric en què es va donar la seva definició creativa, igual que la valoració que la crítica especialitzada fa en l'actualitat de les seves obres.

És clar que aquest procés formal té la seva història, mai lineal, i a voltes confusa. Per això vaig considerar que seria positiu atenir-me a dos nexes d'articulació que singularitzessin la meva selecció artística. Per una banda, aquelles obres que expressen les intuïcions, les vacil·lacions, la recerca de les claus formals davant la insatisfacció de receptes estilístiques caduques; per altra banda, la seqüència de propostes d'intervenció formal que en grup, tendència o casual coincidència estilística han anat quallant al llarg del segle. Apostes per allò nou, en definitiva, no sempre reeixides certament però que agrupades amb uns criteris d'excel·lència temporal poden parlar-nos, sense forçar gaire les coses, d'un compromís raonable d'assimilació entre nosaltres dels llenguatges visuals del nostre segle. De la necessitat, a més, de fer-los propis quan la demanda de comunicació intel·lectual sobrepassa tant l'eclecticisme culturalista, tot val si funciona o decora, com el populisme demagògic i estèril.

Dit, si es pot, d'una manera més directa, subratllaré que he pretès mostrar a través d'unes imatges escollides quan i en quina mesura l'artista ha sortit ben parat de l'encreuament que, com abans he mencionat, s'ha anomenat abús de la memòria. Abús dels referents iconogràfics, formals o narratius en efecte, però igualment de les incontinències d'una mena de *memòria de la mà* (Baudelaire *dixit*) abocada imperceptiblement a l'amanerament. Els academicismes clausurats –figuratius o abstractes–, el paisatgisme de gabinet, el retrat de factura més que sabuda, igualment que tantes i tantes *opacitats silencioses* de l'informalisme... per no insistir aquí en la banalització interessada d'allò nou que desdenya tot allò que d'aventura exigeix tota la redimensionalització expressiva.

D'una manera brusca i traumàtica, escrivia Juan Antonio Gaya anys enrere, s'ha passat entre nosaltres del figurativisme més atroç i tafaner a l'abstracció menys subtil, de Sotomayor a Viola en una jornada, amb els consegüents manlleus formals menys discriminats, de Léger a Nolde, el neoplasticisme i fins l'exotisme zen. Sens dubte la pintura contemporània s'ha atomitzat, però tampoc no és sobrer demanar al pintor un cert grau de responsabilitat i coherència. També avui, com en qualsevol ocasió, apel·lar a l'eloqüència de la senzillesa pot ser una nota de bon gust. Al contrari, deseducar la mirada, també encara avui, amb el preciosisme academicista i pseudofotogràfic va més enllà de l'aposta per la figuració –realista, hiperrealista, expressivista, tant és– o la reivindicació antiga de l'ofici. S'emmascara la inútil regressió visual cap a una crítica d'*assumptes*, com la pitjor crítica del medaller historicista de les exposicions nacionals... dels anys 1880. L'artista està obligat a crear, a aconseguir un eco modulat entre les seves intuïcions i les seves possibilitats formals.

III

Però en la selecció hi pesen altres motius. Al llarg del temps es multipliquen entre nosaltres les trucades a una regeneració, en aquest cas només plàstica, que recondueixi l'art valencià pels camins de l'exigència. Em permetré adduir dos testimonis puntuals separats entre ells per quasi un quart de segle. Sorolla, en els anys daurats, recomana al seu deixeble Benedicte nous aires per a la seva pintura i el porta a Madrid. Rafael Domènech actua de testimoni de càrrec –és l'any 1900– i escriu : «València és el bressol dels artistes espanyols més grans del present. Res més. La terra els ha produït i els qui no la han abandonat aviat hi moriran.»

Any 1956. En la carta oberta fundacional del Grup Parpalló s'apel·la peremptòriament que «València recuperi el lloc d'avantguarda que sempre ha tingut per dret propi» i s'invoca la «necessitat d'intentar una integració dels qui senten la transcendència de l'art com a enriquiment de l'experiència emocional i factor de plenitud». Anys després, el 1959, s'insisteix: «[...] deixant per a altres l'escarafall innecessari [hem] de cooperar des de les fronteres d'uns oficis a l'enlluernament d'un mite que alliberi la nostra dignitat perduda entre la rosca sense cor i els primaris desbordaments del jo instintius.»

Amb franquesa, dubto que en cap dels dos casos tanta imprecació fos imprescindible. El narcisisme i el victimisme generen les seves pròpies polaritzacions, sovint excloents. Si és que en el fons són alguna cosa més que metàfores piadoses de la incapacitat o la desgana. El passejant despert trobarà en la lectura del millor Fuster assagista encertats diagnòstics de moltes de les nostres carències endèmicament rurals. A més, les noves generacions d'investigadors de la nostra història van deixant cada dia més clar que les aigües valencianes que condueixen cap a la modernitat cultural eren d'escàs calat i desigual distribució costanera. Són dades certes, en efecte. Però modestament considero que ja és urgent abordar la història de la recepció valenciana de les institucions que, per dir-ho d'alguna manera, converteixen una societat urbana en *moderna*. La història i també la *petita història* que potser ens té preparada alguna sorpresa.

La societat valenciana té des d'antic unes institucions –desajustades o eficaces– que han sostingut, per l'acció o omissió, la crítica del gust al llarg de dos segles. Igual que qualsevol altra petita comunitat europea d'empremta agrària i patològic itinerari cap a la modernitat; memoritzo algunes peculiaritats de la nostra història: carlinada, refeudalització anacrònica, desvertebració burgesa, entre altres determinacions històriques de tots conegudes. Però per què negar que l'ofici de pintor és una vella activitat dignificada professionalment entre nosaltres des de sempre? Sens dubte, alguna responsabilitat devien tenir certes institucions de caràcter modernitzador, el destí de les quals ha estat paral·lel al dels seus homòlegs de més enllà dels Pirineus o de més enllà d'Almansa. Vam tenir Acadèmia de bon principi, una vella tradició *novatora*, Universitat fins i tot díscola en temps grisos, Escola de Belles Arts, soferts *Arts i Oficis*... i l'excepcional col·lecció de primitius que constitueix avui el nostre sant Pius V. Juntament amb altres modestes iniciatives, per què no, com l'Escola Cossío, l'Institut Escola, imitacions valencianes de la pedagogia institucionalista, que va apostar fort per la reeducació de la joventut republicana i que va orientar cap a la modernitat creativa tota una generació, igualment trencada pel replegament essencialista i transcendent durant els anys de plom que van seguir la guerra civil.

Tot això, en resum, ens fa tan responsables com els altres dels nostres compromisos i evasions estètiques i culturals. La historiografia artística valenciana ha estat anacrònica, eruditista, costumista, de perspectiva miop... com qualsevol altra. Ara bé, posar en dubte la persistència d'una tradició pictòrica renovadora al llarg del segle em sembla un despropòsit no sols metodològic. Buscar-la, refer-la, temptativament però afirmativament és el que el nostre passeig artístic proposa. Lafuente Ferrari, Lozoya, Antoni Igual, el vetust Alcahalí s'han ocupat de l'art valencià i són referències vàlides per narrar de nou, per activa o per passiva, la vella història de l'art d'aquest segle. La nostra pintura es mesura, així mateix, com qualsevol altra, per la rigorosa apropiació o refús de la seva pròpia història com a pintura... Una constant endevinalla formal de sortides sorprenents. Una inesperada definició de pintura, aquesta vegada de Poussin i datada del 1665, sembla acabada d'escriure i s'ajusta bé a la meva argumentació. Escriu a Roland de Chambray: «La pintura és una imitació que recorre a les línies i colors sobre una superfície llisa que abraça tot el que es produeix sota la capa del sol. La seva finalitat és la recreació i el plaer de l'esperit. Aquí hi ha els seus principis que qualsevol persona capaç de pensar està en condicions d'entendre: No hi ha res visible sense la llum. No hi ha res visible sense un mitjà transparent. No hi ha res visible sense forma. No hi ha res visible sense color. No hi ha res visible sense distància.»

Un valencià de Xàtiva d'estil neoclàssic, Elies Tormo, catedràtic d'art de la Universitat Central i ministre d'Instrucció pública i Belles Arts més tard, obria la seva interpretació de la nostra pintura moderna amb aquestes afirmacions: «Quan secularment a València s'havia deixat en l'oblit el progrés tècnic essencialment pictòric del gran segle XVII, va venir al món la generació de Fortuny i Rosales, dos malaguanyats, en un moment en què el castissisme reviu en el segon i el luminisme triomfa en el primer. Joves com aquests formaven el 1880 tot un planter de veritables pintors per la gràcia de Déu, encara que a vegades malgastessin en taques, esbossos, estudis i apunts tot el seu geni i fracassessin en tants i tants d'altres... D'aquesta generació, la de genialitat pictòrica més viva entre totes les modernes, molts eren, i dels millors, valencians, i van aconseguir a València un primer lloc entre la modernitat.» Tormo apunta fins i tot una primera classificació d'urgència: «Són quasi de la mateixa edat: Joaquim Agrassot, el més funest dels valencians; Llorenç Casanoves, les belles obres del qual no van passar de la província; Martínez Cubells, tot un retratista rere les anècdotes històriques; Ignasi Pinazo, que va viure a València sense assolir la glòria que demanava el seu geni; Francesc Domingo, superb en el seu castissisme a la moderna que, al contrari, va triomfar a París... Antoni Muñoz Degrain, el paisatgista més romàntic amb les seves tonalitats d'un atreviment colorista boig.» Conclou l'autor amb Sorolla que «amb un cert nihilisme de la sensibilitat i de tota transcendència significa el cas de més admirable retina que s'impressiona de la llum i la màxima velocitat i màgic i major encert de la pinzellada que assolirà una mà humana. Més que un pintor una portentosa màquina de la fotografia de la llum».

IV

El relat de cent anys de pintura és una tasca complicada i com a tal oberta al malentès. Encara més quan es tracta del dens període 1880-1980, en què s'han produït els canvis més radicals i fulminants de tota la història de la pintura occidental.

Com tothom sap, l'última exposició dels impressionistes va tenir lloc a París l'any 1886 i va ser el cant del cigne d'una proposta visual que encara entroncava amb el realisme de tradició llunyanament renaixentista. Anunciava, en un ambient de contradiccions socials però particularment estètiques, la irrupció de nous llenguatges plàstics. Impressionistes endarrerits, simbolistes, naturalistes, i fins i tot vergonyants *pompiers*, van donar testimoni pictòric de les circumstàncies i irradiacions imaginatives que van marcar el final de segle.

La primera dècada del nou-cents va veure com llanguien les propostes radicals formulades per Gauguin, Van Gogh i Puvis de Chavannes. Però també com es degradaven les solucions més brillants dels *fauves* que no van aconseguir un bon lloc entre les prioritats estètiques de la burgesia del final de segle, més propera al proteccionisme colonial que al lliure mercat artístic. Només el discurs modernista va aconseguir alguna clientela exquisidament simbòlica que li va permetre sobreviure, encara que distanciat dels postulats teòrics de partida. Gairebé al mateix temps, Picasso i Braque aventuraven la gran ruptura amb tot l'art anterior: el cubisme entès com una nova manera d'estructurar l'ordre visible de la naturalesa.

El 1905 el deliri cromàtic dels *fauves* inundava encara el Saló de Tardor de París, però només dos anys després Pablo Picasso acabava *Les demoiselles d'Avignon*, l'obra que anunciava sense complexos la pintura cubista i iniciava la travessia emancipatòria de l'art modern. Aquests fets van trobar, és cert, escassa ressonància en el panorama artístic espanyol d'aquell temps, i cap en l'àmbit valencià tancat en la polèmica d'una identitat creativa que assimilés el passat immediat. Sobre els artistes peninsulars pesaven massa els esquemes tradicionals i era imprescindible el suport oficial, la medalla, la pensió, que feia viable el viatge formatiu. És cert que apuntaven nous camins expressius i inqüestionables canvis temàtics en la pintura, però allunyats sempre de l'efervescència que es percebia més enllà de les fronteres.

La pintura valenciana es desenvolupa sota la tutela de models marcadament acadèmics, el mecenatge institucional i les retòriques costumistes i regionalistes en sintonia amb el pensament i els criteris de gust de la clientela local. Això no obstant, la *petite tour* potenciada per les pensions institucionals que una saludable mobilitat en els escalafons docents –Anglada, Muñoz Degrain, etc.– aproximen la nostra pintura a certs comportaments moderns, si bé convertits en simples estímuls formals sense context. Circumstància que s'anirà repetint en altres moments del segle xx, sobretot en aquells en què les determinacions polítiques directes van dictaminar les pautes que van orientar fortament la vida cultural del país.

Els indicis d'una renovació pictòrica conscient a València arrenquen de les últimes dècades del segle xix. El patronatge de les institucions, la vella plataforma artesanal i, paradoxalment, la formació acadèmica a l'Escola de Belles Arts de Sant Carles van ser els factors decisius. Des del 1836 la Diputació de València va articular un sistema de pensions que va permetre als artistes ampliar els estudis a l'estranger, en un principi a Roma i París; iniciativa important que va afavorir el descobriment d'altres maneres de fer vigents a Europa, els grans museus i col·leccions i l'existència d'un mercat d'art internacional no sempre convencional. A través d'aquest procediment, a la capital italiana van treballar Domènech Marquès, Pinazo Camarlench i Sorolla. Ara bé, altres artistes valencians van arribar a Roma subvencionats per diferents ajudes oficials de caràcter més circumstancial, ja fos per haver estat guardonats a les exposicions nacionals de Belles Arts o bé per haver rebut premis concedits per institucions locals diverses. Tal és el cas, per exemple, d'Agrassot, Garnelo Alda i Muñoz Degrain. Per altra banda, i la dada és significativa, la sòlida xarxa artesanal valenciana seguia amb atenció els canvis estètics que es produïen a Europa a través de la informació, sempre esbiaixada per una crítica provinciana, proporcionada per les exposicions universals. L'activitat desenvolupada per l'artesanat local, particularment urbà, va llançar també una ajuda tènue però continuada cap a la modernitat estètica, intentant intervenir en el gust tradicional d'una clientela rural i tancada. En aquesta mateixa tendència nombrosos pintors que havien completat la seva formació fora de les nostres fronteres van incidir en generacions posteriors quan van ocupar, en qualitat de professors, les càtedres de diferents escoles de belles arts; van ser, per citar-ne alguns, els casos de Muñoz Degrain, Sala, Pla i Pinazo a la de San Fernando, Garnelo a Barcelona i després a Madrid, o Josep Benlliure, que va arribar a dirigir l'Acadèmia d'Espanya a Roma, Picasso, Dalí, Solana, Vázquez Díaz, Borés i Pancho Cossío van ser alguns dels seus alumnes.

Aquesta informació pot resultar vàlida per construir aproximadament un mapa artístic diversificat de les últimes dècades del segle XX. Els camins van ser diferents en cada artista i les xarxes d'intercanvi i influència que es van teixir entre ells també. L'aposta cap al realisme era ja un fet, en efecte, en el qual va tenir a veure, en força mesura, l'obra de Rosales, però en el fons l'experiència a l'estranger va resultar ser una mediació fonamental. A Roma, a més, el cenacle de Fortuny, sempre concorregut, va ser decisiu i impregnaria durant dècades d'un preciosisme meticulós i de color extraordinari les teles d'alguns pintors valencians, Domènech Marquès i Agrassot són exemples d'excepció. No s'ha d'oblidar tampoc la presència menys rotunda de Meissonier. Com també l'apropament d'Ignasi Pinazo a la tècnica cromàtica dels *machiaioli* va ser conseqüència primerenca de l'aventura italiana. Així mateix, Emili Sala, defensor radical d'un cromatisme que eludís el clarobscur acadèmic, actitud que faria pròpia Cecili Pla, o l'aportació decisiva i insòlita de Muñoz Degrain, els paisatges del qual van cobrar una altra dimensió, respectats i discutits calorosament per Picasso els seus anys de formació. En aquest encreuament d'influències, la figura de Sorolla polaritza, interpreta i reelabora una gran part dels models expressius que se sobreposaven, sense descuidar tampoc el coneixement directe que va tenir de l'obra de pintors com Bastien-Lepage, Menzel o Zorn. L'estada a l'estranger va afavorir la renovació pictòrica amb resultats sovint desiguals però amb indubtable afany formatiu; Casanova, Cabrera Cantó, Castell Domènech en són altres exemples.

Quasi tots ells, al marge de l'obra que preceptivament enviaven a les exposicions nacionals, han testimoniat a les seves teles noves maneres d'apropiació visual de la realitat des de diferents òptiques a vegades contradictòries, en algunes ocasions tenyides de costumisme, en altres recuperant espurneigs evocadors d'un món que es desdibuixava, però sempre des d'uns plantejaments formals i expressius que aspiraven a escapar dels camins de l'art rutinaris i sabuts.

Des d'aquesta duplicitat pot entendre's bastant bé el contingut literari d'alguna obra curiosa de Garnelo Alda o el maquillatge costumista amb el qual revestia els temes clàssics, com també les escenografies bucòliques dels marinistes, que fugien del paisatge urbà contemporani refugiant-se en referents més atemporals i confortables. És clar que hi va haver artistes insòlits, com Estruch i Martínez, que va plantejar, de manera més rotunda encara en els seus dibuixos, un programa expressionista propi d'altres corrents estètics europeus que a penes podia haver conegut tangencialment.

Ara bé, la forta empremta de Sorolla es va deixar sentir profundament fins ben entrada la dècada dels vint. Els seus triomfs aquí i allà, l'espectacular promoció internacional, la discreta manera de viure, les seves ingènues idees polítiques, l'impuls que va pretendre donar a l'escena plàstica local l'Associació de la Joventut Artística Valenciana el 1916, i la seva creixent cotització en el mercat artístic nord-americà van desbordar el prestigi que tenia entre els artistes valencians, alguns dels quals van ser deixebles incondicionals seus. Aquesta influència imprimirà una tendència ben determinada en el nostre panorama pictòric que alentiria anacrònicament l'assimilació de nous llenguatges figuratius. Pot il·lustrar aquesta impressió l'obra pictòrica d'Artur Ballester sobre les pautes de Sorolla, per qui sentia una genuïna devoció, mentre que en els seus treballs gràfics realitzats amb una oberta intencionalitat comercial va introduir audaces propostes modernistes i pròximes a l'*art déco* vigents en l'Europa d'aquell moment.

El *sorollisme* es va convertir en una etiqueta crítica per distingir tots aquells pintors que, amb tons a vegades diferenciats, participaven de les opcions formals –lluminositat, pinzellada forta– que definien l'estètica de Sorolla. Alfred Claros, José Mongrell i Pons Arnau poden servir d'exemple. Altres, això no obstant, com Varela, Tuset, Benedito, Benlliure Ortiz o Pinazo Martínez van partir d'aquesta base sorollista per desenvolupar més lliurement una pintura pròpia. Les propostes de Navarro Llorens van ser possiblement les més distanciades, separant-se dels cànons sorollistes per establir uns codis formals de llum i gest que, tot i això, no van trobar continuïtat. Potser l'hàbil tècnica retratista i el color més contingut de Benedito, les innovacions constructives i cromàtiques de Varela, sentimentalment pròximes als *fauves*, el llenguatge modernista de Pinazo Martínez o les temptatives de Benlliure Ortiz, mort prematurament, van preludiar noves vies en la pintura valenciana figurativa. Ara bé, es vulgui o no, la influència de Sorolla va marcar amb força les generacions d'artistes posteriors i perdurà encara després de la guerra civil com una de les retòriques figuratives més ben adaptades pels nous àrbitres culturals de la dictadura.

Durant els anys vint i trenta sorgiran, però, noves maneres de fer en antagonisme declarat amb els models estilístics del sorollisme. Encara que, per dir la veritat, l'experiència real a València d'allò que s'ha caracteritzat críticament com a avantguardes històriques va ser tardana i escassament rigorosa. Els nous llenguatges es van manifestar amb expressió entretallada, sense una traducció perdurable en el context internacional de l'art modern. Els viatges de comptats artistes pels països europeus i els apropaments a estètiques innovadores ofertes pel cine i les revistes il·lustrades van ser el vehicle comú de les noves experiències visuals. Així, el cubisme, l'expressionisme, el futurisme, el constructivisme i el surrealisme, com tants altres corrents determinants de l'efervescència estètica d'entreguerres, no van tenir reflex sensible en la pintura dels nostres artistes. Curiosament va ser en les arts aplicades on una certa modernitat estilística va trobar més receptivitat i va aconseguir un desenvolupament apreciable: Vercher, Renau, Ballester, Canet i Dubón van ser alguns dels qui van apostar en els seus dissenys per un llenguatge eclèctic amb elements formals declaradament avantguardistes, aconseguint imatges de sorprenent eficàcia visual i decorativa, cosa que ha permès associar-los amb l'*art déco*, però no amb altres tendències modernes radicals més significatives. Amb tot, de manera aïllada, ens trobem amb obres singulars que denoten alguna proximitat formal amb altres corrents estètics de debat europeu. Es pot parlar d'un cert expressionisme en Balbino Giner i Pere de València, un peculiar surrealisme primerenc en Genaro Lahuerta i una influència determinant dels fotomuntatges de Heartfield en l'obra de Renau.

Les ciutats valencianes, sobretot la capital, van experimentar transformacions importants en el seu aspecte urbà durant el període anterior a la guerra. Les escasses manifestacions del racionalisme i altres tendències arquitectòniques modernes que van aparèixer aquells anys a València inclinaren el periodista català Mateu Santos, l'any 1930, a descriure-la, amb una meridional incontinència verbal, com una *Nova Manhattan*. Aquest ambient de renovació moderna va col·laborar sens dubte a crear un clima més ben disposat a la recepció dels nous llenguatges artístics per part d'una minoria culta, formada majoritàriament pels mateixos agents culturals, però de nul·la incidència social. Així, l'exposició que va tenir lloc a la Sala Blava de València el 1931, en la qual van participar els artistes més radicals del moment, va ser qualificada encara de manera unànime per la premsa i l'opinió d'«art de bojos». Tot i això, la tendència renovadora va seguir present en l'escena artística valenciana i explica la integració de Pedro de València i Genaro Lahuerta, com també Climenter, en el grup d'«Els Ibèrics» i l'activitat gràfica continuada de Josep Renau a *Orto* i altres revistes del moment.

La guerra civil va invertir radicalment aquest panorama. La majoria de les manifestacions públiques es van decantar cap al realisme, tant en la seva versió política com expressionista, empeses per la disjuntiva dramàtica de la contesa. Artistes vinculats a l'academicisme més ortodox i renovadors inquiets es van entregar igualment a un expressionisme bèl·lic de fort impacte emocional; mostra de la nova sensibilitat estètica és l'excepcional producció cartellista i la il·lustració gràfica, testimoni de la bel·ligerància en el compromís que van reclamar de l'art les veus del Congrés d'Intel·lectuals Antifeixistes, celebrat a València, i les obres d'artistes valencians exposades al Pabelló d'Espanya a la Fira de París del 1937. Borràs Casanova, Manuel Ballester, Escrivà i Cantos, Ramon Gaya i Carreño van ser alguns noms significatius d'aquests anys.

Vençut el Front Popular i finalitzada la contesa, un bon nombre d'artistes innovadors compromesos amb l'ideari de la República es van dispersar a la presó o a l'exili, i la marginació professional va marcar durant massa temps els millors. Curiosament cap d'ells, fos quina fos la seva situació personal, no va continuar fidel als llenguatges d'avantguarda. Queden potser algunes excepcions, com les pintures de Lalo Muñoz, la sèrie de fotomuntatges *American Way of Life* de Josep Renau i la singular obra graficoliterària realitzada per Max Aub.

La ideologia estètica del franquisme, fonamentada en el retorn d'un castissisme eternitzant i asèptic, va suposar la desconnexió total amb el panorama internacional de l'art. El retorn evasiu al passat va ser una trista realitat en les arts plàstiques. Les pautes estètiques del nou règim van reincidir en el costumisme, van evocar retòriques imperials i van fonamentar anacròniques propostes neonaturalistes d'acord amb els postulats polítics del moment. Qualsevol tendència moderna va ser mal vista i difícil d'argumentar en la desolació de l'autarquia. Ara bé, alguns honestos plantejaments individuals, centrats sobretot en el paisatgisme, van arribar a subsistir en el desert cultural i demostren encara la vigència d'una mirada moderna a contrapeu de la fanfàrria de cartró pedra dels estetes del *Movimiento* i del transterrament capitalí i grimpaire d'algun dels nostres pròcers de la preguerra. Perquè, parlant seriosament, l'espai plàstic és sempre univers de solitud, on l'artista exerceix la llibertat del seu art... contra l'època, la rutina i l'avorriment. Recompondre, explorar, escriure amb signes visibles en aquest espai és la gran tasca de l'artista. I hem de limitar-nos a les referències temporals precises que ens ajudin a interpretar-lo.

En el món de l'art, l'aïllament polític de la dictadura ha generalitzat una resposta suspicaç davant qualsevol projecte de renovació cultural i ha reforçat contra tota lògica el retrocés defensiu davant les avantguardes europees de la immediata postguerra, d'obert caràcter resistent i internacionalista, tampoc no podien trobar aquí una estabilitat que generés serioses influències. Al marge sempre d'ocasionals concomitàncies formals, descontextualitzades la majoria de vegades tal com calia esperar.

Les primeres presències renovadores de la postguerra valenciana es remeten al grup Els Set el 1949, lluny, però, del discurs més coherent des del punt de vista estètic que des de feia un any plantejava el col·lectiu Dau al Set des de Barcelona. No serà fins el 1957, amb la irrupció del Grup Parpalló, de variades, eclèctiques i efímeres propostes, quan comencin a cobrar vida entre nosaltres els llenguatges plàstics actuals. Crítics com Aguilera i Cerni, l'experiència de tendències noves en l'Europa postbèl·lica d'Eusebi Sempere, Salvador Sòria, per citar-ne només algun nom, i una inquietud artística compartida per damunt d'opcions formals específiques, van fer possible l'obertura cap a altres camins expressius que afavoririen a la llarga el llançament i la consolidació de la pintura moderna valenciana.

Els artistes que van formar part del Grup Parpalló van experimentar la neofiguració expressionista, el neoconstructivisme i una certa abstracció informalista. Altres pintors, però, es van situar en l'òrbita dels Salons dels Onze, sustentats en el possibilisme estetitzant d'Eugeni d'Ors a l'Acadèmia Breu, de la qual van derivar trajectòries artístiques com la de Francesc Lozano, que va trobar en el paisatge la traceria d'una singular poètica de forta empremta entre els artistes joves. S'hauria d'afegir també l'aventura en solitari, primer dins de la nova figuració, més tard centrat en una peculiar abstracció, d'Hernández Mompó, els postulats inicials del qual s'acostaven tant als del grup Cobra com als plantejaments visuals i narratius d'El Paso.

En la dècada efervescent dels seixanta, el grup Estampa Popular, dins el qual es trobaven Solbes, Toledo, Valdés, Martí Quinto, Anna Peters, Anzo i Gorrís, va tornar a demostrar la necessitat social d'un art nou i compromès. Alguns arguments de la reflexió que van proposar sobre l'art com a ofici, la funció de l'obra, així com l'anàlisi i el coneixement de recursos, processos tècnics i tendències visuals van provocar iniciatives molt significatives, en particular les concretades per Genovés, propostes de Crònica i Realitat i el treball de Boix, Heras i Armengol que, en certes ocasions, es va presentar com una feina d'equip.

Les formulacions d'aquests col·lectius ens han deixat una obra que uneix a la investigació formal un fort contingut de negació i denúncia, estructurat en un realisme social crític d'inhabitual riquesa de matisos plàstics. Quasi de manera simultània, el Grup Abans de l'Art, format per Sempere, Aurora Valero, Yturralde, Teixidor, Michavila, Xavier Calvo i Ramon de Soto, es planteja una línia crítica que apunta cap a l'abstracció, insistint en aspectes neoconstructivistes encara que, amb posterioritat, alguns dels artistes van evolucionar en diferents i fins i tot contraposades direccions. Penso sincerament que una síntesi il·lustrativa de la pintura d'aquests anys la va oferir l'exposició sobre art modern valencià que es va organitzar a Sevilla l'any 1971, en la qual foren representats tots els artistes i les tendències que havien conviscut durant les dues últimes dècades.

V

Sobre aquest teló de fons de tons desdibuixats i faula imprecisa s'han anat gestant a València altres iniciatives de joves artistes el llenguatge dels quals, basat formalment en formes properes al *pop-art*, es distanciaria definitivament dels plantejaments tradicionals, enllaçant ja d'una manera continuada amb les tendències internacionals coetànies. Els resultats, sempre oscil·lants entre la figuració i l'abstracció, connectaven sense gaire estridència amb els postulats de la *pintura pintura*, ja que mai es van donar en obres de significació, o van tenir escassa incidència, els discursos minimalista i conceptual, extrapolacions en última instància de l'universalisme culturalista de mercat que caracteritza els anys més pròxims. Pel que fa al cas de València, i és just evocar aquí tots aquells que al llarg d'aquests cent anys han estat l'excepció i han sostingut amb el seu esforç una forta tendència innovadora, no ha existit ni sembla que pel moment apunti a consolidar-se una veritable tradició col·leccionista que invertís d'una manera estimulant en la temptativa o que s'aventurés en el fascinant trencaclosques de l'art actual. Tampoc no s'han generat, com certes condicions historicosocials permetien suposar ingènuament, els postulats d'educació i de coherència econòmica que, enllaçats amb una autoconsciència nacional urbana i moderna, fessin possible la consolidació de genuïnes personalitats artístiques de presència internacional. Ara bé, l'última dècada, d'inqüestionable protagonisme institucional i sorprenent diversificació cultural, suggereix un públic més exigent i atent a la vegada, i un larvat però actiu mercat incipient particularment sensible a tot allò que passa en l'escena de l'art mundial. Potser és un indici saludable.

L'obra de Ramírez Blanco, Carme Calvo, Miquel Navarro, Rosa Torres, Àngela García i, després, la de Morea i Sanleón s'estructuren a partir d'uns esquemes personals que, coincidint amb el canvi polític i la distensió democràtica, representen simbòlicament la normalització del nostre art modern. Compassat, per què no, en grandesa i servitud amb la cultura imaginativa de la nova Europa, bastant anyenca, per cert, on les lleis d'un mercat inexistent i els macropoders fàctics determinen pautes i tendències d'allò que *encara* anomenarem art. A la competència i pel compte de l'home que passeja queda desfer un fil conductor en aquest entrecreuat itinerari valencià. Que la nostra modernitat artística ha estat tardana i manllevadora és massa evident per reiterar-ho. Com també l'escassa simultaneïtat en plantejaments, ecos polèmics i resultats formals de les nostres propostes més avançades amb els projectes d'avantguarda que s'han anat forjant al llarg del segle. Ara bé, el que resta són aquestes obres singulars, que en el seu aïllament esplèndid o envescades en projectes d'ingènua revitalització imaginativa expressen la voluntat obstinada de fer art, de donar compte visible d'una sensibilitat compartida, encara, i sempre a la contra de totes aquelles instàncies descoratjadores que s'han donat en aquest petit món nostre. En resum, confiar en la intransferible capacitat inventiva de l'art des de la consciència, sempre en equilibri làbil, de la precarietat cultural i el desdibuixat perfil d'allò nou.

Amb agudesa quasi perversa, el desaparegut filòsof londinenc A. J. Ayer, provocador incombustible durant seixanta anys d'activitat en el terreny cultural europeu, va sintetitzar en quatre proposicions una filosofia possibilista de la història que, per concloure el nostre passeig amb història al fons, recomanaria fer pròpia: «Hem tingut una història. Avui, tenim la història que hem tingut. No podem tenir una altra història que aquesta que hem tingut. N'hem d'estar agraïts.» Amb envejable modèstia, Shakespeare ho havia formulat en inigualable clau poètica quatre segles enrere:

> La imaginació
> produeix formes de coses desconegudes,
> ....
> les dissenya i dóna nom...
> Coses etèries que potser no són res.

Però, tenim altra cosa?

El minimalisme lúdic de Mompó*

L'art és sensibilitat per allò necessari.
Ortega y Gasset, 1910

La sagaç apreciació del filòsof madrileny a *Adán en el Paraíso. Nota de estética*, que encapçala aquestes línies, em sembla una bona manera d'entrar en la pintura d'Hernández Mompó, representat amb un criteri cronològic en aquesta mostra que sintetitza els vint-i-cinc últims anys de plenitud imaginativa de l'artista. Anys que s'inicien, a més, amb la dècada dels seixanta, quan es tanquen definitivament els ajusts formals que havien marcat l'evolució estètica, de derivacions avantguardistes encara molt actives llavors, i que l'havien aproximat, temptativament, val a dirho, a l'ingenuisme figuratiu primer i a l'informalisme cromatista o gestual després. L'exposició s'ordena a partir d'un *emblema* narratiu que pretén ser diàfan: *Constel·lacions, representacions i signes*, ja que són aquests tres conjunts significatius els que millor descriuen des del meu punt de vista la trajectòria plàstica d'aquests anys: complexos visuals significativament formalitzats, més aviat exercicis d'ordenació espai/visual i *de*-construccions sígniques d'una poètica personal, basada en la interrelació escriptura/evocació com una constant de la seva obra madura.

Argumenta Ortega, des del perspectivisme sistemàtic que contrasenya ja la seva reflexió primerenca, que cada cosa del nostre entorn físic, intel·lectual o emotiu es presenta constituïda per una *suma infinita de relacions*. I responsabilitza l'art d'establir, ni més ni menys el mètode d'individualització o concreció d'aquestes relacions davant la intenció abstracta i generalitzadora de la

* Del catàleg de l'exposició antològica *Mompó*. IVAM, abril del 1991.

ciència. La naturalesa, el nostre context natural, representa per a nosaltres *allò* establert sense quasi variació al llarg del temps, aliè a les exigències de la individualitat i la singularització expressiva que converteixen un món en el *nostre* món, això és, en aquest horitzó de significats dotat de la imprescindible capacitat de resposta per a les nostres expectatives. Només a través de l'art, contraataca Ortega, les coses i les relacions que aquest substantiva assoleixen el nivell d'artificialitat suficient per merèixer la interpretació d'individualitats comunicatives. Les pedres del Guadarrama *són* de Velázquez perquè existeixen com el contrafons necessari dels seus paisatges, igualment que el mont de Saint Victoire pertany a Cézanne al marge, o per sobre de les precisions geològiques que l'estructuren.

La intel·ligent traducció a formes estètiques de les relacions diverses que configuren les coses, fa l'estil de l'artista. L'estil, així doncs, entès com una gamma de registres que ens assenyalen el camí cap a la *desrealització* de les coses naturals a través de la seva reconstrucció subjectiva, viva i oberta, que l'artista estableix en la seva obra. O, cosa que és el mateix, dit d'una manera més convencional, l'estil és l'home. Es coneix i es reconeix l'artista a partir de l'esquema d'interpel·lacions i renúncies que la seva mirada subtil proposa a la naturalesa.

Amb una mera intenció didàctica he optat per qualificar aquests anys definitius de Mompó com un epígraf imprecís si n'hi ha: *minimalista lúdic.* Amb això vull estimular el visitant casual de l'univers creatiu del nostre artista perquè faci propis els instruments analítics de la metodologia artística, però des d'un punt de vista personal i alhora enriquidor. El minimalisme es defineix com una arriscada combinació de conceptes amb un nexe de propietats en comú, Wollheim *dixit* en un text programàtic del 1965. Això és, com a minimalista es definiria un conjunt d'obres d'art amb un índex baix d'indiferenciació. Però també aquelles obres en les quals la utilització reduplicadora d'identitats formals –cromàtiques o compositives– possibilita que el treball artístic pugui assolir el grau zero: integració asèptica d'objectes de consum produïts massivament, etc. Ara bé, també és veritat que, en un sentit més pragmàtic que analític, el mateix Yves Klein havia incorporat a les poètiques minimalistes totes aquelles activitats imaginatives que es contraposessin críticament a les tècniques de representació classicitzant o de pompierisme avergonyit, subratllant emfàticament així els valors plàstics de la pintura. Sense forçar gaire la tolerància acadèmica, aquí podria trobar un lloc la suggestiva narrativitat de Mompó. Les seves obres expressen a la perfecció la renúncia activa als virtuosismes de tendència per apostar obstinadament i sense cap mena de prejudicis intel·lectuals per la senzillesa visual, que deixa a més per a la receptivitat no mediatitzada de l'espectador la unificació de les impressions sensorials la capacitat comunicativa de les quals s'associa a l'experiència estètica, únic valor intemporal de les obres d'art autèntiques.

L'aparent impersonalitat d'aquests tocs cromàtics de Mompó, punts i superfícies articulades en conjunts mòbils, o les seqüències de signes indiferenciats que configuren les seves iconologies més estables, són temptatives de traducció plàstica ingènues i primigènies dels valors *absoluts* de la pintura: taques, associacions, equilibris, ruptures, estilemes, reconstruccions... joc visual, en definitiva. El que no pot deixar de sorprendre'ns en uns anys –els seixanta espanyols– de crispada negació de l'il·lusionisme realista més caduc i d'apologia oportunista de l'informalisme *amateur* ocasional.

S'insisteix actualment, des del debat historiogràfic que analitza l'assimilació i les conseqüències de l'expressionisme abstracte nord-americà en la pintura no figurativa europea dels seixanta, en les insuficiències d'una interpretació rectilínia de l'art que atengui només a la successió temporal en les estètiques i les derivacions estilístiques que es van originar a partir de la dissolució de les avantguardes històriques ja en període d'entreguerres. La dispersió contínua de maneres expressives cubistes o constructives no subordinades pel principi d'unitat que els havia convertit en formes de veure alternatives i radicals, ha donat entrada a un període de prestacions i reconsideracions tènuement crítiques que potser qualifiquin amb bastant aproximació l'eclecticisme trencador, fins i tot el més declaradament polític dels primers anys seixanta, i ens condueixi al dilema conceptual dels setanta. A una consideració cronològica caldria contraposar, tal vegada, un tractament *idealista* de l'art contemporani que tendeix a accentuar el contingut real de cada obra significativa, però només a partir de la intencionalitat plàstica i visual a què respon.

Perquè, en efecte, allò real, havia intuït magistralment Cassirer en la seva *Filosofia de les formes simbòliques*, es manifesta sempre determinat per la manera en què és pensat i a partir del sistema selectiu d'imatges, convertides en símbols intel·lectuals, amb els quals s'expressa. Les obres d'art poden abordar-se també, a la manera kantiana, com a construccions de la consciència que es fixen i es determinen mitjançant les formes. L'univers intel·lectual es presenta d'aquesta manera escindit per dues polaritzacions d'impossible conciliació: els objectes naturals, per una part, comparteixen tres qualitats definitòries –permanència, duració i entitat–. Les creacions de la consciència, per l'altra, hauran d'entendre's com a objectivacions sintètiques de sensacions i percepcions l'única qualitat estable de les quals és la imprecisió i la transformació d'associacions mai tancades. Ara bé, la consciència és dotada, així mateix, d'una particular força creativa, productora d'imatges, que potencia a través de les formacions simbòliques un punt equidistant en aquella antinòmia. El símbol és compost d'elements sensibles i «travessat pel temps», en tant que l'objecte intuït es *fixa* en el símbol buscant una estabilitat temporal, provisional.

La relació entre la forma mitjançant la qual el símbol es manifesta i el contingut que aquest expressa és tan estreta que es podria parlar d'identificació, ja que la forma és l'única mediació possible entre la consciència i el món objectiu. És sabut, a més, que cap contingut no pot arribar a ser significatiu si no és a través de la imatge que només se'ns presenta en el símbol. Amb això s'explica en gran part la universalitat i la necessitat del símbol, que compleix dues funcions fonamentals per a la comprensió estètica: objectiva la lliure creativitat de la consciència a través de la *forma*, forma que constitueix al seu torn la mediació entre el símbol i el món objectiu. El símbol, i torno a l'argumentació de Cassirer, és la connexió immediata dels elements sensibles amb els intel·lectuals.

La pintura de Mompó arrenca intuïtivament d'aquesta concepció de l'art com a creativitat simbòlica que es tradueix en l'esquema plàstic inicial. Per a Mompó, a més, l'art és també l'experimentació però dins dels límits determinats que li imposa una economia formal lingüística. El llenguatge plàstic entès ara restrictivament com a *parole*, subratllant així la seva activitat subjectiva i mediadora, sense atendre gaire a les pressions històriques i estructurals que la pròpia sintaxi imaginativa pugui transmetre. Els pictogrames informals i les configuracions cromàtiques aspiren a imposar-nos un ordre nou, lúdicament visual, que subverteix l'ordre de la cultura –els estilemes deixats per la història de l'art modern– i el sistema que exigeixen les convencions dimensionals i compositives de la representació no figurativa. Mompó refusa *pensar* la seva pintura al marge de l'exercici directe de la seva experimentació i converteix així el camp pictòric en l'espai combinatori dels seus propis elements expressius: pintura, poesia... *metàfores,* en resum:

La fenêtre s'ouvre comme une orange
Le beau fruit de la lumière.

Tal vegada aquí es pugui rastrejar algun remot vestigi estilístic del grup Cobra en els seus gestos menys crispats. I segurament també de la reflexió, induïda per Bachelard, sobre les propostes d'*imaginació activa* de Bury. El que importa, però, és que Mompó se situa sense gaires complicacions programàtiques als antípodes de qualsevol formalisme militant i aquest fet, curiosament, dóna als seus quadres aquest *tempo* efectista i desinhibit del millor art sense història.

Els orígens familiars de Mompó han orientat, sens dubte, la seva posterior travessia artística. Fill d'un professor de dibuix, obsessionat per la traça artesanal de la línia com a primera raó per al desplegament cromàtic encara més elemental, el dibuix es converteix en el fonament modulador dels signes que aviat van definir la singularitat visual de l'artista. «Dibuixar, dibuixar. Sempre amb models vius... Qualsevol cosa viva que es col·loqui davant els meus ulls.» En un esbós mínim al llapis sobre paper del 1935, conservat per la família, poden descobrir-se algunes de les audàcies sintètiques que més endavant serviran de suport gràfic per a una aventura figurativa o geometritzant depuradament colorista. «El color es porta dins –li reiterava el seu pare–. Però el dibuix s'ha d'aprendre.»

La primerenca escapada a París l'any 1951 té unes conseqüències més informatives que radicals, ja que per a Mompó l'avantguarda ha representat més una ètica de refús de la vulgaritat franquista dels seus anys formatius, que un referent conceptual positivament assimilat. Exposa a la Galerie de la Boétie, i intima amb Palazuelo i Chillida becats al Col·legi Espanyol. El recompte superficial dels seus contemporanis a Sant Carles –Sempere, Manolo Gil, Gabino, entre ells– ens permet establir escassos paral·lelismes amb l'obra madura de Mompó, que es manté al marge de manifestos normatius com Parpalló a València, primera advertència generacional que avisava que l'art és alguna cosa més que una postura testimonial o hàbil capacitat mimètica historicista o informal, com així mateix de les seqüeles peninsulars de l'estètica d'El Paso i els voluntariosos al·legats internacionalistes que s'havien de produir entre nosaltres.

París el 1951, Roma el 1954, on coneix Lucio Muñoz i freqüenta el proteic Giorgio De Chirico, i Holanda el 1956, particularment el museu Stedelijk d'Amsterdam, «on l'art actual s'integra en allò quotidià», representen per a Mompó diferents escoles de la visió que l'estimulen a recuperar amb avidesa els anys negres del pseudoclassicisme antiimaginatiu de l'Escola de Belles Arts i l'empobrit horitzó provincià de la cultura artística espanyola. Però als museus europeus trobarà sobretot la justificació necessària per trencar la pressió de les influències de grup, tendència, opció figurativa i aventurar-se en una obra pròpia, intuïtiva i veraç, que busca un llenguatge genuí en l'assimilació atenta però distanciada de les poètiques coloristes del neoconstructivisme o del lirisme geometritzant de Klee. La temàtica urbana de les seves primeres pintures, naturalista i d'inhabitual sensibilitat cromàtica, l'acurada assimilació del formalisme antiavantguardista i la desinhibició contrafigurativa de solucions postimpressionistes periioditzen el procés visual de Mompó fins a arribar a la pintura acabada que avui contemplem. «En pintar –confessa en una autobiografia redactada al principi dels vuitanta–, no necessito mai usar materials com l'arena, la fusta, *collages*, gruixos de color... M'interessa dir les coses amb els *mínims elements*: el color estès amb la justa espessor per cobrir el llenç... Faig sempre molts dibuixos, amb llapis o tinta negra. Interpreto els personatges basant-me en un model formal: més tard, a poc a poc, només quedarà el suggeriment d'aquests personatges, fins a convertir-se en signes.»

Mompó ha assolit el seu propi codi poètic en el qual el protagonisme correspon a la pintura. Els seus quadres, en particular a partir de la dècada dels seixanta, són exercicis de composició, d'equilibri cromàtic i de construcció d'un món de signes propis en els quals descansa la seva força expressiva, sovint neutralitzada per la fragmentació visual o narrativa intencionalment dispersadora. Les formes plàstiques són per al nostre artista senzills suports de suggeriments sensorials que ambicionen la complicitat de l'espectador, i potser aquí no estigui fora de lloc apropar-lo a les improvisacions d'alguns dibuixos de Matta. «Vull interpretar –afirma a les citades confidències autobiogràfiques– el món màgic del carrer i destacar plàsticament situacions i climes per al goig de l'observador. Vull mostrar en una superfície plana tot allò que és *viu* de les coses normals i quotidianes i construir amb la meva obra un món positiu. Igual que un caminant del carrer, observa només allò que l'atreu, en mi destaca el que serveix per a l'ambient pintura.»

Les escenes pintades acaben integrant-se a l'espai real, una conseqüència lògica de la recerca d'un espai obert per a l'activitat imaginativa, que refusa el límit del suport i es llança a intervenir en l'ambient. Els *Alarós* de metacrilat construïts per Mompó a partir del 1977 van més enllà d'unes incipients temptatives volumètriques per imposar-se en qualitat de formes fortes, capaces de transformar el nostre món quotidià com accions plàstiques gratuïtes i eficaces. Colors simples, flanquejats sempre per uns blancs molt actius, puntegen uns *escenaris de la memòria* privada que refusen qualsevol emotivitat historicista per transmetre'ns elementals i primigènies sensacions de veritat estètica: alegria, bellesa, serenitat, força... «Començo amb les escultures... Són planxes metàl·liques d'una sola peça que tallo i doblego perquè ocupi un espai. Després són pintades totalment en blanc i a sobre d'aquest blanc algunes notes de colors purs. Són escultures directes, fàcils de realització, i vull que semblin papers blancs.»

Una fructífera experiència californiana de Mompó l'any 1973 fa possible la incorporació a la seva obra ja madura de les actituds més alliberadores del pictorialisme abstracte nord-americà, amb la seva depurada reflexió visual sobre la superfície plàstica «animada, sensible i oberta», concebuda com un *equivalent natural* i una renúncia programàtica al caràcter subsidiari i il·lusionista de l'art, en registre *pop* o depuradament *opticista* d'acord amb la bel·ligerància cultural d'aquells anys de denúncia. «Pinto allà, Santa Bárbara (Califòrnia), grans quadres... Una altra visió de concepte i unes vivències diferents de les europees es mostraran a les meves obres. Més llibertat, expressar amb la *mínima expressió* allò que dic... Em relaciono amb gent que em dirigeix cap a conceptes orientals. Una visió cap a allò espontani i allò creatiu.» Mompó exposa a la Ruth S. Schaffner Gallery de Santa Bárbara, i més tard a la cosmopolita Campbell de San Francisco amb un discret però afable eco de crítica que detecta incisivament la notable tensió cromàtica i l'oberta actitud antidogmàtica de la seva pintura, realitzada allà mateix al llarg d'aquells mesos. Els millors exemples remeten ara a la dècada dels vuitanta, quan Mompó se submergeix en teles d'envergadura poc corrent que acullen diminutes variacions formals en una seqüència inacabada de signes i grafismes, continguts expressivament per la seva pròpia senzillesa narrativa.

Que l'obra plàstica de Mompó és un dels testimonis més personals de l'art espanyol contemporani, és ja un lloc comú. Ara bé, analitzar la part d'aquesta originalitat que pertany a la necessitat formal i la part que és conseqüència, intencionalment assumida, d'un cert espontaneisme intuïtiu bastant aliè als corrents pictòrics del moment, és una tasca que correspon discernir al visitant atent.

Des d'un punt de vista convencional, però, la pintura de Mompó ha estat interpretada per la crítica com un exemple d'impenitent optimisme visual, i la seva simbologia formal, d'insòlita sensatesa a l'hora de buscar hipotètics parentescos imaginatius fiables, llegida en termes d'una psicologia de l'artista un pèl pretenciosa –ingenuisme, primitivisme gestual, intuitivisme prelògic, etc.–. En contrapartida torno a suggerir que les millors pàgines de Cassirer potser estimulin amb bastant menys risc la imaginació associativa de l'observador, en aquest cas segurament no tan ingenu. Perquè, resumint, les obres de Mompó ens sorprenen com un eco viu i ens obren el joiós espai il·lusori de les seves representacions. La invitació més eficaç, en efecte, per somriure davant qualsevol pretensió dogmàtica i tancada que condicioni les possibilitats d'apropiació activa d'aquests mons d'art.

«L'ésser humà és un cabal d'energia i inventiva», amb aquesta declaració de fe optimista conclou Manolo Mompó la seva autobiografia... «L'art és alegre», havia proclamat Schiller i reiterava Wittgenstein al front rus de Galítsia el 1916. O en observació més propera a nosaltres: «Els camins de la vida tracen estranys dibuixos», acaba de recordar-nos Adolfo Bioy Casares. No són tan mals temps per a l'art.

Pintar l'espai*

Quan assistim al *vernissage* d'una exposició actual o visitem un museu d'art contemporani se'ns planteja sovint una pregunta molesta i des del meu punt de vista no gens trivial. Què quedarà de l'art del segle xx? L'activisme interventiu de les avantguardes? Els grans monstres de la seva primera meitat? L'eclecticisme universalista dels últims anys? L'hegemonia trivialitzadora del disseny? El visitant passeja entre els més variats objectes, configuracions i gestos plàstics, unificats tots ells per una consensuada actitud antifigurativa, i se sent d'alguna manera com un home nu i inerme intel·lectualment per a qui la cultura que solíem anomenar no especialitzada serveix de ben poc a l'hora de penetrar en aquell univers caòtic i distant. S'ha perdut l'espècie de memòria arqueològica que vestia confortablement les obres d'art en el període clàssic, en traçava la genealogia estilística i sostenia la narració explicant els motius i les referències del quadre, sempre sòlidament historiats. Queda, inquietant, el repte de l'*oeuvre* i la presumpció assumida que aquesta ja no manipula visualment allò real –la naturalesa– o la veritat –la bellesa– sinó que, ben al contrari, llisca irrefrenablement per una infinita multiplicitat lingüística de determinants objectuals i emotius.

En altres temps l'adhesió o el refús envers una obra quedaven establerts a partir de certs models de representació que ensenyaven a mirar allò real o senzillament el negaven, perquè en definitiva acabem veient només allò que ja sabem i la mirada ingènua no deixa de ser una altra cosa que un interessat lloc comú. El nou

* *Kalias. Revista de Arte,* núm. 7, juny del 1992. IVAM.

llenguatge de l'art té les arrels en un empirisme més o menys originàriament intel·ligible, qualificat d'acord amb les seves variants, d'*informalisme*. Ancorat, a més, des d'un punt de vista històric, en aquesta mena de duel radical que l'avantguarda va sostenir amb la tradició ara fa un segle. L'art del nostre temps aspira a convertir-se en un sistema més de coneixement que tendeix, en creixent proporció directa, als índexs de major complexitat que exigeix la nostra societat informatitzada. Fins i tot la possibilitat mateixa d'historització es converteix d'aquesta manera en un remot vestigi que només amb una voluntat disciplinada i didàctica pot, encara que només en algunes ocasions, justificar-se raonablement. L'artista contemporani té sobre seu la història de l'art sencera, en tant que la seva activitat, la seva pràctica artística com es deia fa temps, consisteix prioritàriament a establir un nou ordre comunicatiu en funció de la normativa que considera més ajustada per als seus propòsits, al marge del sistema expressiu o els estilemes concrets que posi en joc. El cercle màgic entre art i història, artista i historiador s'ha tancat des de fa molt de temps, com han observat agudament Seta i Betling.[1] Cada artista tria el seu propi camí i extrema el seu propi llenguatge, que situa sempre més enllà del guarda-roba iconològic i a una distància neutra del suport teòric informalista o visibilista pur a través de les prestacions del qual actua.

La pintura, així doncs, i ja entrem en els últims exemples de Ràfols-Casamada, arrenca avui d'un postulat diàfan: és una naturalesa artificial, i tal vegada, exagerant les coses, podria afirmar-se que és el contrincant més terrible del món natural. L'artista no

1. Cfr., SETA, Cesare. *Quale Sotira dell'Arte* (comp.). Nàpols: 1977 i *Viale Belle Arti*. Milà: 1991. BELTING, Hans. *Das Ende der Kuntgeschichte?* Munic: 1983, i també sobre això els ja clàssics de Rosenberg reunits a *The Re-Definition of Art*. Nova York: 1972 i EDERER, E. *Die Grenzen der Kunst. Eine Kritische Analyse der Moderne*. Viena: 1982. Sobre les derivacions contemporànies de les avantguardes i els seus enemics, KRAUSS, Rosalind E. *The Originality of Avant-Garde*. Cambridge (Mass.): 1985).

reprodueix, ni copia, ni tan sols s'inspira en el món natural, sinó que més bé sostreu, escamoteja o construeix, com un joiós *artífex*, una segona naturalesa plàstica que controla i domina segons la seva voluntat. En conseqüència, i per dir-ho amb paraules precises, al sistema historiat de la forma s'imposa la forma mateixa com un desafiament obert a la imaginació tant del creador com de l'espectador ocasional.

La separació nítida entre projecte i execució, entre temptativa i obra acabada s'ha vist substituïda en l'actualitat per una forta tensió entre allò previsible i allò complet que actua en interrelació necessària. El moment de la visió prèvia es va rectificant a poc a poc a través de l'obra, però segons l'equilibri de reciprocitats que exigeix la representació simbòlica. En aquesta geometria descriptiva de les formes hi ha fet niu la raó última de la seva veritat plàstica. Ja Lionello Venturi,[2] als inicis del programa informalista, va subratllar severament que la creativitat de les formes i dels colors havia de ser en endavant l'únic diapasó per jutjar l'art. Ara bé, ni la creativitat neix aïllada ni tampoc l'obra acabada no pot resultar del tot aliena a la vida de l'home i convertir-se, sense més, en un lliure joc d'habilitats perceptives. Per arribar a ser art genuí la pintura ha de comprometre l'univers sencer de l'artista: la seva personalitat es converteix així en el nexe ineludible entre l'home i l'univers perceptiu.

Des dels temps de suau però radical distanciament de l'informalisme, Ràfols-Casamada ha pugnat per un espai pictòric cada vegada més dens i depurat que només de manera tangencial remet al gestualisme i a les estètiques neoexpressionistes, i això a contrapèl de la moda. Ràfols va fer seu, i aquí és on s'ha de situar el fonament del riquíssim imaginari visual que tenyeix l'última dècada, el neoplasticisme de disciplina mondrianesca, i des de llavors ha comprès l'obra d'art com un equilibri difícil entre forma i color que s'expressa com una unitat en la superfície rectangular

2. VENTURI, Lionello. *History of Art Criticism*. Nova York: 1936.

del quadre. Aquest complex procés s'assimila al que Gehlen[3] ha anomenat *consonància intraòptica de les imatges* i crec que pot servir-nos per aclarir en algun punt l'assumpte que ens interessa.

L'artista ha de fer verificables i aprehensibles les claus de les seves propostes visuals, o en tot cas precisar quin és l'estrat psicològic de l'observador sobre el qual les noves imatges pretenen incidir. Potser la millor explicació la trobem curiosament en Mondrian,[4] eloqüent i concisa, en una carta a Sweeney de maig del 1924: «Vostè sap que la intenció del cubisme ha estat *expressar* els volums. L'espai tridimensional (això és, l'espai natural) quedava preservat així. Per consegüent, el cubisme ha restat *au fond* dins dels límits del naturalisme, ha quedat només en una abstracció en lloc de ser *abstracte*. Tot això se situa en contradicció amb la meva concepció de l'abstracte que destrueix fins i tot la idea d'espai natural: aspira a destruir els volums. I ho aconsegueix mitjançant les línies que creuen la superfície. Però tot i així la superfície quedava *massa* intacta. Llavors vaig recórrer a crear només línies i a tancar dins d'aquestes els colors. Ara el meu únic problema consisteix a destruir aquestes línies mitjançant el seu contrast recíproc.» Les línies disgregades en minúsculs rectangles cromàtics de *Victory-Boogie-Woogie* (1943) són, sens dubte, la síntesi visual del nou univers plàstic que, al marge dels seus continguts, en l'obra de Mondrian sempre transcendents, millor s'ajusta amb la relectura de Ràfols.

Per a Ràfols-Casamada aquest sistema representatiu també constitueix un mitjà visual de comunicació i a més és el millor instrument expressiu propi. El seu art recent és una seqüència de substraccions i reconstruccions espacials de resolta voluntat anti-

3. Gehlen, A. *Zeit-Bilder. Zur Soziologie und Aesthetik der Modernen Kunst*, Frankfurt: 1960. També Sedlmayr, Hans. *Kunst und Wahrheit*. Mittenwald: 1978 i des d'un punt de vista històric, Hofmann, Werner. *Grundlagen der Modernen Kunst*. Stuttgart: 1966.

4. Mondrian, Piet, dins *Neue Gestaltung, Neoplastizismus* (edic. de Jaffe). Colònia: 1975.

volumètrica, obstinades en la recerca de la *puresa* formal com a contingut nuclear de l'obra. Aquesta puresa es tradueix en l'equilibri cromàtic que limita a l'extrem la dimensió material. L'espai es transfigura en un feix de plans o acaba disgregant-se en una nova línia que al seu torn s'entrecreua amb altres per formar un nou pla de colors amb les gradacions complementàries adequades. Contenint sempre el gest expressionista, però, Ràfols recorre en certes ocasions al goteig o al raspat per *alterar* l'aparent platitud de les seves superfícies i aconseguir d'aquesta manera aquest eficaç impacte líric subratllat tan sovint per la crítica. El protagonisme lumínic tan evident en les seves últimes composicions permet aventurar, amb tot, una renovada profundització més creativa i formal del llegat neoplasticista des dels seus propis postulats estètics. La complexitat de la naturalesa i la naturalesa artificial dels nostres mons d'art queden reduïts en la seva pintura a expressions plàstiques de relacions ben definides per una poètica espacial de resultats molt eficaços.

Stephen Kern[5] ha elaborat recentment les noves categories de la relació espai-temps en aquest període de superposicions que defineixen la informàtica i la comunicació instantània en la nostra societat. Als temps llargs i als espais en profunditat que reconstrueixen mons idealistament anàlegs –la finestra oberta al món– s'imposa la fragmentada multiplicitat d'instants que determina el nostre sistema perceptiu. L'experiència artística del nostre segle, de l'impressionisme al cubisme, no ha fet sinó revelar certs models mentals que constitueixen, en suma, noves interpretacions espacials. Perquè, si ens hi fixem bé, la representació dels instants del temps ha estat, en efecte, el gran problema de les arts visuals des dels inicis del nou-cents. Les diverses formes de l'espai, del vist al viscut, construït o simbolitzat, són més pretextos per representar en il·lusòria doble dimensió els objectes i transmetre d'aquesta manera la tensió que necessàriament donarà com a resultat una

5. KERN, Stephen. *The Cultue of Time and Space*. Cambridge (Mass.): 1983.

experiència estètica. Les categories formals i visives necessàries per assolir la nova estructura comprensiva que és l'obra d'art les imposa l'artista, és cert, però optant ara per una gradació espacial i temporal les regles de la qual les estableix en cada projecte nou.

Ara bé, el sentit de la pintura última de Ràfols-Casamada no s'esgota ni de bon tros en la transposició automàtica d'uns estats anímics o de les profundes obsessions creatives que impregnen les seves formes. La pintura de Ràfols ens proposa un art que controla energèticament l'atzar. I crear una nova obra constitueix un desafiament, un problema a partir de les lleis d'uns signes en els quals convergeixen la tensió gestual, la urgència tècnica i la mateixa força de la matèria pictòrica. Ells determinen el *drama* de l'obra. L'operació creativa se situa així en l'encreuament entre allò espontani i el control racional, i es resol en un sobtat i, en el cas de Ràfols, brillantíssim desplegament de sensacions visuals immediates. Parlar de Miró, per exemple, i de tota la seva versatilitat de signes i símbols com una de les influències més estables en l'obra de Ràfols em sembla apropiat. Els grisos, sienes, la gradació més obscura de tonalitats i fins i tot la condensació cremosa dels pigments ens indueixen a pensar en una reflexió severa per part de l'artista sobre les arrels de l'informalisme i la problemàtica conceptual de l'abstracte contemporani. Ocres i blaus tallats per construccions limitades en negre, de remotes reminiscències geomètriques, allunyen aquesta nova obra de períodes aparentment més serens on el protagonisme del blanc transmetia amb placidesa unes bellíssimes sensacions cromàtiques. L'espai i la llum, o la saturació cromàtica que gradua els propis efectes lumínics en aquest nou espai fantasiejat –l'obra–, es converteixen en els protagonistes que ordenaran, a la superfície neutra de la tela, les tensions plàstiques i visuals que les formes estètiques per si mateixes siguin capaces de generar. Sobre aquests postulats s'estableix el diàleg visual amb l'espectador.

La serenitat del nou projecte imaginatiu de Ràfols-Casamada denota una elegant maduresa i el domini depurat i savi, aliè a qualsevol estridència de mètode o programa de l'ofici de pintar. Aquesta obra nova que ara contemplem constitueix una baula forta, no lineal però sí intensiva, en el seu ja dilatat procés pictòric.

Potser Albert Ràfols estaria disposat a fer seves aquelles paraules del poeta anglès Charles Lamb sobre si mateix: «També jo pertanyo a la categoria de les persones dotades d'una intel·ligència imperfecta: en tenen prou amb el fragment, amb el senzill detall d'una veritat.»

Espai de signes*

N'abandonez pas les côtés farouches et poignants de vos sensations, mais reservez-les quand vous aurais vaincu, comme Ulysse, tous vous ennemis...
Alfred Sensier a Millet, 1864

El romanticisme va ser, sens dubte, un acte de fe en l'art. En aquell temps es defineix l'artista *modern* com aquell que aposta per la transcendència estètica que dóna sentit a una obra determinada. L'artista ha de mostrar a les *ànimes de plom*, incapaces d'elevar-se per damunt de la seva estatura, un món particular que és i no és subjectiu, personal: el regne de l'art. Madame de Staël, en un voluminós tractat de notòria força persuasiva en la seva època, *De la influència de les passions,*[1] proposava el retorn al joc del pensament, al món de les imatges on la subjectivitat és capaç encara de recrear l'estat de naturalesa i gaudir de la seva pròpia sensibilitat... i fins i tot d'abandonar-se al desig sense objecte. L'artista és l'ésser apassionat per definició i les passions ens inclinen perillosament a la dependència, a la submissió. L'artista ha d'orientar-se, d'aquesta manera, cap a l'autosuficiència i transmutar-se en el Narcís perfecte que demostra als altres les excel·lències de la seva introspecció.

Perquè, de fet, les activitats artístiques són exigències culturals complexes. El nucli d'aquesta complexitat potser se situa en la qualitat autoreferencial que defineix la teorització estètica: qualsevol teoria artística pot transformar-se en un programa, traduir-se en un horitzó pragmàtic que es compleixi en la seva mateixa realització. Però també és un fet cruel que la transparència cognitiva és una altra il·lusió que ens impulsa a interpretar el nostre entorn

* Presentació de l'exposició «La invención de un paisaje. Lozano» IVAM, abril del 1993.

1. *De l'influence de les passions sur bonheur*, Lausana, 1796.

arriscant-nos per una perspectiva parcial, limitadora, autocontrolada en definitiva. L'art, però, en un registre de valors més modest i potser per això modern, se sol jutjar en contra d'una història a la qual pertany i de la qual extreu la seva dimensió essencial, reflectir en la persistència sobretemporal de les obres d'art.

Una vella tendència de la nostra mitologia cultural –occidental, és a dir, eurocèntrica– ens té acostumats a entendre les obres d'art des d'un punt de vista com a mínim discutible. Donem per fet l'invertebrat prejudici que la funció cardinal de l'art consisteix a *expressar* alguna cosa, a fer visible un rerefons, una intencionalitat de la qual el mateix artista seria el llenguatge temptatiu i no gens sistemàtic. Sembla fora de dubte, però, que qualsevol manifestació artística es fonamenta en la selecció visual o constructiva de les aparences naturals, ja que les coses i les seves associacions són el suport bàsic de la mirada intencionada de l'artista. Aquesta selecció defineix en una primera instància el temperament de l'artista i reflecteix les formes dominants que qualificaran la seva pròpia visió de la naturalesa. Ara bé, en quina mesura és conscient de les seves impressions? Fins a quin punt l'artista és capaç d'*explicar*, i encara menys comprendre, el procés que transforma les dades sensibles en formes estructurades i comunicables? Treure l'entrellat dels signes que configuren aquest procés en un artista determinat pot constituir una manera raonable d'aproximar-nos a la seva obra.

El pintor, perquè aquest és el cas que ens ocupa, desenvolupa plàsticament una *idea visual* a través de la confusa relació de derivacions, connexions i renúncies que ens narren l'aspra pugna entre el control artístic del mitjà expressiu i les apercepcions intuïtives. L'artista pretén construir alguna cosa nova a partir d'un utillatge amb història –material, referencial, icònic, social en resum– des del qual ha d'establir la seva personal projecció visual i proposar les estratègies compositives que consideri més eficaces. Veure, va subratllar anys enrere Susanne Langer,[2] és un fet natu-

2. LANGER, Susanne K. *Philosophy in New Key*. New American Library, Nova York 1957.

ral de l'organisme humà. La percepció, però, exigeix un procés de capacitació. El *significat visual* condensa, d'aquesta manera, una constel·lació d'elements i capacitats específiques que construeixen la seva peculiar potència comunicativa. A més, un fet aparentment tan simple com aprendre a mirar ens imposa un aprenentatge saturat d'impressions i malentesos. En aquest ordre de coses, entenem per formes les estructures elementals que configuren l'alfabet de l'artista, aquests signes que descriuen el procés de control d'un contingut plàstic fins a arribar a l'efecte expressiu o comunicatiu proposat.

Podríem avançar, de moment, alguna d'aquestes estructures constructives ben provades per la pràctica artística al llarg dels segles, el repertori sintàctic de la nostra història de l'art, fonamentat en el contrast compositiu, visual o narratiu i la necessitat d'equilibri entre ells: dreta i esquerra d'un camp visual, espai inferior o superior, amb relació a aquest, horitzó elevat o secant, etc., per obtenir aquests efectes, ja resoludament plàstics, sobre la il·lusòria tridimensionalitat del llenç, l'artista no disposa d'altres elements que la línia, els plans, les textures, l'escala i el moviment. Degudament manipulats, no cal dir-ho, per una eficaç gradació de matisos tonals i lumínics que els ajustin a la projecció original del pintor. «Només quan tots els factors d'una imatge, tots els seus efectes individuals estan completament sintonitzats amb l'únic sentiment intrínsec i vital que s'expressa en el tot –ha escrit el conegut gestaltista contemporani Paul Stern–,[3] quan, per dir-ho d'alguna manera, la claredat de la imatge coincideix amb la claredat del contingut interior, només llavors s'aconsegueix una genuïna forma artística... En la seva manifestació visual, la forma es compon d'elements, i del caràcter i la disposició d'aquests, però també de l'*energia* que susciten en l'observador.» Això, dit en altres paraules, fa de la forma l'únic principi actiu al qual l'artista confia la força interventora de les seves imatges.

3. Cf. HOGG, James (ed.). *Psychology and the Visual Arts*. Baltimore: Penguin, 1970.

Durant molt de temps, el mirall ens ha servit de metàfora incisiva per entendre l'activitat pictòrica. Es pretenia, en efecte, representar a escala i per mitjans plàstics tota la realitat –o naturalesa– que reflecteix el mirall convertit en el mitjancer privilegiat entre el nostre ull i les imatges. Ara bé, la representació visual no és, o com a mínim no ho és exclusivament, especular. Ja Alberti havia considerat la realitat representada com una mena de *desdoblament escènic* que imposava els seus propis valors. El pintor prosseguia una argumentació ja clàssica, comença inventant una escena o un paisatge que construeix amb el bagatge conceptual del seu temps, fins a assolir els nivells de veritat que el faran intel·ligible al seu públic. L'artista, doncs, actua, intervé, tradueix d'uns elements clau els estímuls visuals que li suscita l'objecte estètic. I és curiós, almenys des del punt de vista que aquí ens interessa, que el mateix Alberti interpreti els contorns formals que delimiten els plans compositius com a *signes*: «*Segnio* –escriu– *apello qui qualqumque cosa stia superficie per modo che l'occhio possa vederla*»[4] –de tal manera, subratlla, que l'ull sigui capaç de veure-la–. Això equival a dir: transfigurada plàsticament, segons les convencions artístiques del seu temps.

En efecte, les superfícies formals són per al pintor els espais de percepció. La seva ordenació tendeix a produir en l'espectador aquesta il·lusió de realitat que, a distància convinguda i des d'un punt de vista concret, ens permet jutjar els resultats d'una representació virtual.

Els primers resultats d'una maduresa pictòrica primerenca en l'obra de Francisco Lozano, els apunts tal vegada invertebrats encara d'un llenguatge plàstic personal, poden situar-se al final dels cinquanta. És llavors quan l'art espanyol comença a respondre creativament a les caduques estètiques imperials i a superar les dramàtiques ruptures i l'aïllament folkloritzant i essencialista que havia marcat la negra dècada de l'autarquia posterior a la

9. ALBERTI. *Della Pittura*, vol. II, pàg. 55 i seg. (Edició Castelnuevo, Florència 1962).

guerra civil. Es tracta, és veritat, d'una època de temptejos i incerteses, de l'escola de Vallecas a El Paso, per a la qual va ser decisiu el temperat radicalisme de l'Academia Breve de la Crítica de Arte, fundada i orientada l'any 1946 a contrapèl de les circumstàncies per Eugeni d'Ors. Els Salons dels Onze van aconseguir aglutinar significatius artistes de totes les tendències, compromesos activament en la recuperació i normalització de la vida cultural de la nostra península. Les exposicions que van promocionar i la consolidació, encara els anys quaranta, de la Galeria Biosca, per adduir un exemple inqüestionable, obrien un nou espai per al millor art i demostraven, amb la modèstia que els temps permetien, una arriscada intervenció imaginativa en camps artístics sembrats de conservadorisme rupestre i engolada estètica de consignes. Santos Torroella, amb l'extraordinària fiabilitat que reforça les seves afirmacions, ha explicat el gir que la secessió de Joana Mordó, escorada cap a l'informalisme, representaria en l'art espanyol dels cinquanta. Així com la difícil recepció d'aquelles primeres exposicions madrilenyes dels qui, com és el cas de Lozano, van optar per una pintura d'exigent apropiació crítica del constructivisme figuratiu. Del que tampoc no queda cap mena de dubte, des de la nostra perspectiva contemporània, és de l'actitud antiacademicista i innovadora del dorsisme al marge de (o potser malgrat) la gesticulació, sempre una mica cridanera, en un Xènius d'uniforme. En definir els propòsits fundacionals que van animar a les Galeries Laietanes de Barcelona els Salons d'Octubre, deu a partir del 1948, organitzats per Víctor M. d'Imbert, en paral·lelisme no dissimulat amb les inquietuds dorsianes, el crític Sebastià Gasch era rotund: «L'art *modern* no destrueix. Construeix. És eminentment constructiu i no té altre anhel que restablir uns valors plàstics fonamentals», escrivia al catàleg del Primer Saló.

No s'ha d'oblidar, amb tot, que va ser el 1951, any de la Primera Biennal Hispanoamericana d'Art, quan es va presentar per primera vegada, si bé obliquament, una manifestació artística enfrontada a l'oficialitat del Règim. En aquest mateix any es consuma la ruptura, latent ja des de feia dos anys, amb l'art de tendència i apologia oberta de l'*Espanya eterna...* del General. L'escola d'Altamira (Santander, 1948) i el grup català Dau al Set (Barcelona, 1948) van viure potser circumstàncies precàries, quant a difusió i estabilitat, i fins i tot de coherència de plantejaments estètics, però els seus protagonistes artístics i els ecos intel·lectuals que van saber despertar ens permeten avançar aquella ruptura radical, l'inici d'un corrent renovador que uneix el descontent social i la posició cultural i que assolirà presència internacional estable al llarg de la dècada següent. Es tracta, naturalment, d'una resurrecció, com s'ha dit, no sols de les avantguardes espanyoles escindides per la guerra civil, sinó també del ressorgiment amb indubtables qualitats estètiques d'un art que es replanteja críticament el llegat tradicional prebèl·lic. Que a partir d'aquests anys s'hagi de parlar d'una política artística alternativa és un fet avui ja evident, com ha demostrat la recent bibliografia historiogràfica i les plurals interpretacions últimes.[5]

Francisco Lozano havia ingressat al llegendari Col·legi del Beat Joan de Ribera de Burjassot l'any 1932, data tardana per aquells temps, i va cursar brillantment Belles Arts –una vella fotografia ens el mostra com un alumne avantatjat d'Isidor Garnelo, i aviat havia de succeir-lo a la càtedra d'Acolorir– i a penes l'any 1942 exposa audaçment a la Sala Mateu, pionera de les galeries valencianes. El 1943 ho fa a Syra a Barcelona i el 1946 a Madrid, amb la complicitat de dues primerenques afinitats electives: Eugeni d'Ors i Azorín, el llenguatge concís del qual admirarà sempre. La seva lectura aclarirà formalment algunes de les seves opcions paisatgístiques, contenint la vehemència cromàti-

5. La reconstrucció històrica més acabada del nostre art contemporani la dóna Valeriano Bozal: *Pintura y escultura españolas del siglo* XX. Espasa Calpe: Madrid 1992. Els treballs de Calvo Serraller: *Del futuro al pasado. Vanguardia y tradición en el arte español contemporáneo*. Alianza, Madrid 1988, i *Pintores españoles entre dos siglos 1880-1990*, Alianza, Madrid, són imprescindibles *points de rèpere* per a qualsevol lector.

ca. No hi ha dubte que la prosa aspra i precisa d'Azorín significava per al jove artista un contrapunt raonable als excessos de virtuosisme superficial del sorollisme de precepte que inundava el paisatgisme valencià.

El jove pintor, com ha confirmat en la seva maduresa, té ben clares les seves propostes constructives: privilegiar un món petit i profund de matís... del grafisme tènue, del raspador, de la matèria, del suport.

Així doncs, Lozano aviat tancaria files amb l'alternativa cultural dorsiana que exigia també la renovació dels gèneres tradicionals de la pintura, amb el retrat i el paisatge. L'obertura cap als plantejaments més audaços que començaven a forjar-se en la cultura europea dels anys de reconstrucció posteriors a la Segona Guerra Mundial, escorada decisivament cap a l'abstracció, deixant enrere un cert castissisme d'eficàcia figurativa i rotunda opacitat estètica, serà patent en la cultura estètica valenciana dels cinquanta: París i l'informalisme són gairebé descobriments paral·lels. Lozano estudia Picasso a París... però també Cossío, Borés i Viñes, és veritat, com així mateix els primers cops gestuals de l'expressionisme abstracte novaiorquès, en filaments sense cesures amb els últims excessos formals de Matisse i els projectes ja consolidats de Hofmann i Hartung. En aquest ambient, tenyit per la polèmica figuració-abstracció, va iniciar Lozano la seva particular aventura creativa, però centrant la seva investigació formal, sense derivacions abstractes ni de grup, en la tradició paisatgística espanyola, amb un talent proper, convé reiterar-ho, als grans postulats estètics de l'anomenada generació dels trenta; la seva amistat fraternal amb Rosales és de sobres coneguda, igual que la seva vinculació sense fissures al nucli institucionalment més actiu de la immediata postguerra espanyola: de Laín a Aranguren i Vivanco. Convé recordar ara de nou els rigorosos anys de formació de Lozano en el mític Col·legi de Burjassot, on va ser becari en el moment més feliç de la cultura republicana, si el concepte encara avui és intel·ligible.

Amb els anys aniran sorgint unes obres en què es detecten el rigorisme cromàtic i compositiu de Beruete i Palencia, Primera Medalla de l'Exposició Nacional de Belles Arts del 1943 amb Toledo, però també, encara que tal vegada atenuats pel tamís hispànic, les ensenyances de Cézanne i Dérain. Els forts contrastos cromàtics del Caneja figuratiu, la densitat matèrica de Palencia, particularment, i una resolta capacitat per depurar el paisatge d'allò anecdòtic fins a convertir-ho en pintura, potser seran les millors prestacions que Lozano assimila d'aquells anys d'aprenentatge. El resultat serà una interpretació original i renovadora dels paisatges secs i àrids del nostre entorn, continuat sempre en solitari i amb escasses dependències de l'escola. L'artista s'obstina a construir formalment un estil en què els elements descriptius i intimistes s'equilibrin, aliè en tot moment a l'estètica castissista que defenen altres posicions expressives del moment. D'esquena també al recurs convencional a la naturalesa com a referent obligat de qualsevol audàcia tècnica. «Pensament i essència del paisatge?» –reflexiona Lozano–. «No, de la pintura; perquè el quadre és una entitat autònoma que parla per si mateixa de la seva pròpia equació original: construcció *més* sensibilitat.»

A instàncies del seu propi procés creatiu, el pintor valencià ha anat contenint els elements compositius accessoris per centrar-se en una fórmula personal obertament sintètica i eficaç, depurada, constructivista. Els seus paisatges han fet un gir sobre l'anècdota primigènia i exigit de l'artista la renúncia al lluminisme fàcil. El pintor considera ara el paisatge un simple pretext per a nous intents d'essencialitzar –reduir a essència, a concepte– una determinada realitat. La potència del color ens transmet en uns empastaments tonals cada vegada més transparents la violència expressiva del signe plàstic.

Dos contemporanis del nostre artista, un *senior* i l'altre escrupolosament *de l'âge*, tan oposats formalment als seus plantejaments, ens ofereixen el contrapunt ben definit d'aquest confús *tempo* creatiu. Escriu Henri Michaux: «Van tornar a la seva ment els ritmes dels quals sentia nostàlgia, i en aquests ritmes col·locava precipitadament empremtes breus, plenes d'electricitat, violentes empremtes de coses existents de les quals no haig de donar compte i que des de la infantesa sabia inconscientment que trobaria un dia en la immensitat d'una superfície exterior [...]. Trobava un nou mètode de viure en aquest ambient explosiu, en la mateixa vitalitat de la vida, únicament en els seus signes de vitalitat [...]. En aquells anys, recorrent un camí particular i a través de les seves aversions particulars, la pintura s'alliberava de formes, configuracions i delimitacions [...]. Caminaria d'una manera singular i es convertiria en el més impetuós, el més desordenat i improvisador de totes les arts, el que millor experimentava la fascinació de la insolència, de la llibertat.»[6]

Jackson Pollock, des dels antípodes estètics, ens confia l'any 1947: «Necessito la resistència d'una superfície dura [...]. Estar literalment dins el quadre [...]. No tinc por de canviar res, ni tan sols de destruir la imatge, perquè sé que el quadre té una vida pròpia i no tracto de treure-la *cap enfora.*»[7]

Francisco Lozano tampoc no ha estat un testimoni mut en la polèmica radical entre impressionisme-expressionisme, particularment crispada en la nostra Escola de Belles Arts i personalitzada sempre entorn del llegat esclerotitzant del pitjor sorollisme, d'empremta només tangencialment sorollista, val a dir-ho, però definidor tòpic durant dècades del nostre art. Lozano ha eliminat del paisatge les innecessàries petges figuratives per explorar a fons les infinites gradacions expressives d'un gest cromàtic sempre idèntic, apassionadament construït, inventat.[8] L'expres-

6. MICHAUX, Henri. *Vitalità nell'arte.* Milà: Laterza, 1959, pàg. 11-12.

7. POLLOCK, Jackson cit. a *The New American Painting.* Nova York: Knopf, 1957, pàg. 66 i seg.

8. La més completa reconstrucció biogràfica de l'artista, no exempta malgrat tot de qüestionables apriorismes teòrics però amb una apreciable selecció iconogràfica i testimonial, ESTELLÉS CONTRERAS, Mara. *El alfabeto del gesto.* València: Vicent García, 1988. Chueca Goitia (1965 i 1975) i Anna Vázquez de Parga (1976) ens han donat correctes caracteritzacions de l'artista. A Francisco Lozano, «Orden y claridad de un paisaje llamado mediterráneo», discurs d'ingrés a l'Academia de San Fernando, Madrid 1976, es veurà la millor declaració d'intencions enfront d'una actitud i un mode expressiu.

sionisme sol manifestar-se associat amb una actitud estètica convertida en llenguatge formal: pretendre commoure emocionalment l'espectador, però també intel·lectualment, mitjançant una visió del món acusadament personal, poc transmesa a través de formes i colors cada vegada més llunyans dels seus referents locals. També els *fauves* van prioritzar els colors vius que aplicaven *salvatgement* sobre les teles.[9]

D'aquesta manera, doncs, aquesta perseverant experimentació ha portat a la pintura de Lozano a la superació del lluminisme instrumental, sovint programada en clau existencialista, i li ha permès crear el món propi que ara ens presenta. Allunyat de qualsevol espectacularitat, treballant a consciència les superfícies sempre ben delimitades, construïdes, de les seves teles, ha aconseguit mostrar la genuïna *veracitat* d'uns paisatges devastats per la llum: un drama plàstic que protagonitza antagònicament però reiteradament la terra estèril, resseca i la flora agresta que la cobreix.

L'art de Lozano culmina en aquests mons d'art personals, profunds i senzills en temàtica i connotacions. Sempre disciplinat i exigent en els seus plantejaments més enllà de tota teoria convencional del realisme, antropològic o formal. Un art, com el mateix artista ha confessat, de progressiva *radicalització subjectiva*: «El signe i el color no pertanyen ja a la descripció del paisatge, sinó al meu món conceptual. Són ideogrames, no aclariments lumínics o formals.»

Dit d'una manera clara, aquest és el millor testimoni artístic d'una obra ingent que omple mig segle d'activitat. Per a Lozano l'artista pinta allò que viu i fa viure el que pinta. En aquesta ocasió contemplem desenes de paisatges fantasiejats pel pintor Francisco Lozano, és veritat, però que formen part del nostre univers imaginatiu.

9. Sobre això Gordon, Donald E. *Expressionism, Art and Idea.* New Haven: Yale University Press: 1987, pàg. 69 i seg. També Werenskisoed, Marit. *The Concept of Expressionism. Origin and Methamorphoses.* Oslo: Universitel-forlaget, 1987, pàg. 73-81.

Col·leccionisme, una quimera moderna*

Sembla que l'etrusc Gaius Maecenas, protector de Virgili i d'Horaci, té l'honor extraordinari d'haver donat nom a una de les formes més singulars de la generositat humana: la que s'exerceix amb la protecció de les arts. En efecte, als nostres dies el concepte de mecenatge s'ha fet tan universal, que fins en la llengua japonesa, impermeable a presències estranyes, s'ha introduït el terme *mecenat* com a definició instrumental d'un nou i eficaç sistema d'intervenció social.

Atesa una consideració contemporània, l'actitud de Maecenas resulta tant o més significativa, ja que ja els col·leccionistes romans van saber mesclar la seva sincera admiració per la cultura grega amb la pura i simple rapinya dels seus més apreciats objectes artístics, que van viatjar de mil en mil cap a la península. Des de llavors, i fins avui, el col·leccionisme i l'apropiació forçosa, el col·leccionisme i el poder polític, el col·leccionisme i el mercat, la cultura i la dominació, en resum, s'han mostrat sempre «dialècticament» units.

Els motius, les raons últimes del col·leccionista individual, institucional o senzillament particular han estat poc clars, precisament pel seu caràcter tremendament subjectiu i, en el seu cas, arbitrari. Les explicacions escrupolosament estètiques solen resultar insatisfactòries (encara que només sigui pel fet que existeixen innumerables «estètiques», quasi tantes com els registres que diferencien els col·leccionistes), i són inevitablement insuficients, ja que l'impuls del col·leccionisme no sempre condueix a l'art. De fet, la major part de les col·leccions no són d'objectes d'art, sinó

* Presentació de la col·lecció d'AENA d'art contemporani. Madrid, 1996.

més aviat d'objectes de pelatge tan variat que amb dificultat ultrapassen la denominació de capritxos.

És cert que abunden les explicacions sociològiques del col·leccionista, l'ostentació, i per tant, la confirmació notòria de riquesa i poder, però també les psicoanalítiques (el desig compulsiu de possessió i acumulació) o fins i tot econòmiques (el col·leccionisme respondria a interessos originàriament especulatius, etc.). En temps recents, tal vegada hagi estat Walter Benjamin, col·leccionista menor, per defecte d'intendència, és veritat, qui ha ofert les idees més estimulants pel que fa a aquesta qüestió. El seu assaig sobre Eduard Fuchs a *Discursos interromputs*, o *Desembalant la meva biblioteca*, són peces d'aquesta antologia del col·leccionisme per escriure. Benjamin ha subratllat la transformació que sofreixen els objectes quan són extrets de la circulació, del mercat, i queden detinguts a la col·lecció, impregnats encara de l'aura derivada del seu origen, de la història cristal·litzada en ells en forma d'empremtes de la memòria (genuïna, hipotètica o simplement imaginada) dels seus anteriors avatars, els seus propietaris i emplaçaments successius (la seva vida passada, en última instància).

Quan el col·leccionista és algú implicat personalment en la col·lecció, com els casos de Panza o de Thyssen, el fenomen més cridaner és la manera com aquesta col·lecció originàriament privada, inaccessible, restringida, s'institucionalitza i es converteix en un assumpte de domini públic, en una curiosa forma de museu sobrecarregat pels seus orígens elitistes i singulars, sense més determinacions que els criteris del gust, l'astúcia i la disponibilitat del seu propietari. Una cosa diferent és el col·leccionisme corporatiu, estatal o institucional. Es tracta d'un fenomen relativament recent les arrels immediates del qual trobem en l'avidesa cultural dels pròspers homes de negoci sorgits als Estats Units del final del segle XIX, però que no va començar a desenvolupar-se pròpiament fins els anys trenta, amb les iniciatives de Rockefeller i de la firma IBM, institucions encara bastant ingènues i conservadores des del punt de vista de l'avantguarda artística radical, contemporània a la seva consolidació. Allò va donar lloc no sols a l'estabilització social del MOMA, sinó també a l'encàrrec d'obres determinades a Diego de Rivera, quan veu que Matisse i Picasso havien declinat ofertes milionàries.

El sentit del col·leccionisme empresarial i institucional va ser, en un principi, el de la seva utilització publicitària. Aviat es faria decisiu l'estímul que representava l'atenuació impositiva (que, naturalment, és el punt entorn del qual continua gravitant en gran part no sols als Estats Units, sinó cada vegada més arreu del món). Però convé reconèixer així mateix l'existència d'una altra classe de consideracions de pes. Per exemple, d'aquest gènere: «El desafiament per als responsables institucionals és mostrar un itinerari, liderar, ajudar la gent a fer-se millors. Els projectes artístics sàviament afrontats poden ser una part important d'aquest desafiament.» Aquesta reflexió la va fer *mister* Dennis Evans, president del First Bank System de Minneapolis, l'any 1986, quan l'equilibri econòmic i l'estabilitat de mercats anaven perfectament. El 1988, però, els comptes de resultats d'aquesta mateixa institució registraven ja considerables desajustos. Mentrestant, *mister* Evans havia hagut de presentar la seva dimissió.

Entre nosaltres, la idea que el col·leccionisme institucional no pot sinó resultar beneficiós per a la societat general està bastant estesa. Ha de suplir el caràcter capritxós del sector privat i justificar a través de les seves inversions un estímul raonable a la creativitat artística, ja que administra béns comuns i aposta amb això per la potència integradora de la imaginació.

És clar que aquest col·leccionisme, sobretot quan d'allò que es parla és d'inversions milionàries, constitueix una de les poques vies de sortida per a una no gens negligible quantitat de l'art que es fa en l'actualitat. El fet que els preus de l'art resultin inaccessibles per a la mitjana dels ciutadans són figues d'un altre paner, que accentuen la magnitud de les responsabilitats. O potser un nou plantejament del mateix tema: perquè és possible que el col·leccionisme corporatiu es trobi llastat, pel que fa al seu veritable sentit, pel fet que només es fa imprescindible en la mesura en què el mercat de l'art discorre, per la seva part, pels rumbs de l'absurd, d'esquena a una estabilització coherent dels criteris de qualitat, únics que haurien de funcionar en l'àmbit singular de l'art.

El col·leccionisme institucional o públic pot servir encara, i no és responsabilitat petita, per articular la producció artística, per discriminar allò presumptivament vàlid d'aquesta (d'una manera molt més decisiva que a través de la crítica d'art, avui convertida en model eminent de publicitat cultural). La col·lecció és el contrari de la dispersió. I el problema del col·leccionista és descobrir un criteri que impedeixi que la seva pròpia col·lecció acabi convertint-se en un símptoma, fins i tot agreujat d'aquella dispersió.

Com que en resum, allò que tenen en comú totes les formes del col·leccionisme és la seva vinculació a una necessitat projectiva, del que es tracta és de projectar sobre objectes i, a través d'aquests, a la nostra societat, una determinada imatge o representació d'uns conceptes, tant si parlem de l'estat, d'una empresa cultural o d'una corporació financera. Aquesta imatge, no cal dir-ho, és alhora falsa i veritable. Pot ser l'expressió d'una voluntat del tot conscient, que ens remetria a una deficiència real: la presència de la nostra cultura visual en els llocs públics. Pot ser també l'expressió d'una voluntat col·lectiva, legítima, civilitzadora, de la qual les institucions més sensibles han de fer-se eco. I poden ser, òbviament, el reconeixement implícit d'una mala consciència capitalista que considera que no tot és conjuntura de mercat. Una col·lecció sempre es pot interpretar com el resultat d'un esforç per fer de la necessitat virtut. I això no és poc.

La consolidació d'un mercat cultural de caràcter massiu als Estats Units a partir de la dècada dels seixanta i la seva progressiva instal·lació a Europa al llarg de la dècada següent, ha desautoritzat d'alguna manera el tabú d'un col·leccionisme d'elit, igual que la raonable bona reputació de l'obra gràfica en el mercat ha contribuït en gran part a l'acceptació de l'obra privada com a vehicle d'una experiència estètica amb aspiracions democràtiques. A la base del nou col·leccionisme de galeries se situa l'atenció per la impressió, ja sigui a través de múltiples llibres que el *pop* va convertir en autèntica estètica d'avantguarda: Oldenburg, Warhol, Rosenquist... Crònica, Arroyo, Tàpies entre nosaltres. Tendència que no ha parat de néixer els últims anys d'hegemonia comercial nord-americana: del conceptualisme radical d'Oppheim o Ruscha a la realització en l'escena artística internacional del radicalisme europeu dels anys de la reconstrucció, amb els artistes de Fluxus al capdavant.

A Espanya, les dues primeres dècades democràtiques han provocat un genuí desplegament institucional d'iniciatives artístiques de consideració que no sempre han arribat a bon port, encallant-se massa d'aquestes en un dic sec. Unes, estretament estatals, sotmeses als universos pressupostaris i a la no sempre coherent definició de possibilitats, han anat progressivament deformant-se en simples programes de col·laboració cultural sovint d'interacció penosa. Altres, obertament civils, van ajustant-se en oscil·lar dels gustos en alça dels mercats internacionals. Algunes han aconseguit sàviament atresorar al llarg d'aquests anys un patrimoni considerable, capaç de plantejar la història visual de la nostra cultura artística. Sens dubte la col·lecció d'AENA constitueix el millor exemple entre aquestes institucions.

Sens dubte originàriament per imperatius sumptuaris, es tractava de «decorar» els nostres aeroports, els seus responsables han anat assimilant qualitativament l'envergadura de la seva comesa, no sols amb la primera impressió «plàstica» cap a l'exterior –que veurem en entrar a Espanya–, sinó també amb una espècie d'aparadors d'excepció per a tot el que aquí s'ha anat produint amb significació internacional. D'una primera etapa de senzilla atenció a la nostra cultura visual establerta s'ha passat a apostar per artistes la incidència dels quals determina el temps. Aquest fet converteix la col·lecció d'AENA en un referent cardinal per conèixer l'art espanyol contemporani, sense rastres d'escola, tendència o gènere. Amb l'atractiu, a més, de privilegiar el mural ceràmic o escultòric per motius obvis de representació, però també amb una explícita voluntat d'aproximació a un gènere artístic, de vella tradició artesanal, no sempre considerat ajustadament, quan el muralisme especial constitueix una de les aportacions úniques dels nostres artistes a l'art universal: de Miró o Sempere, per citar dos notables històrics desapareguts.

La col·lecció d'AENA és, així doncs, un sòlid patrimoni artístic vertebrat per una temptativa oberta i plural de repassar la nostra cultura visual recent. Però també ens presenta una opció resolta pels artistes que amb més profunditat han caracteritzat els últims trenta anys d'activitat creativa peninsular. Amb obres, a més, en què s'aprecia la seva qualitat d'objectes estètics alhora que se'n subratlla el contingut imaginari. Curiosa síntesi d'informació i sensibilitat. Cosa que no pot deixar de sorprendre un ciutadà a les portes d'un segle que presumeix d'estar curat d'espants i de tota sorpresa.

ELS ULLS I LA MEMÒRIA*

Sembla que el destí de la nostra modernitat artística és afrontar la juxtaposició de temps històrics diferents en un marc de representació visual a penes transformat, si de fet la pintura és encara l'art del nostre temps, a l'última meitat de segle. El passat imaginatiu, immediat o llunyà, pesa de tal manera sobre el present que converteix qualsevol nova temptativa figurativa en un mer exercici temporal a través d'un paisatge d'influències estètiques no sempre acceptat. Es viu la sensació, i és una manera de parlar, que l'artista contemporani sobreviu en un present fet de retalls en què tota intervenció, *acció* i proposta creativa ve llastada per una opinió generalitzada que sosté que, per a bé o per a mal, l'experiència artística possible ha d'assumir una concepció ambigua dels mons de l'art i aventurar nous mètodes de representació alliberats de les limitacions de l'esperit d'antiquari o memorialista visual per llançar-se, finalment, a l'endevinalla de l'obra amb la remota aspiració de convertir-la en un vincle eficaç d'expressió humana comunicativa i lliure.

Ràfols-Casamada busca en la seva ja extensa obra aquesta autenticitat sense abandonar-se als efectismes controlats que tan bé coneix. Busca en l'espai plàstic noves paradoxes per al joc etern de les formes: línia i color sobre plans ombrejats que creen universos de significació oberts construïts per la llum. Com una subtil paràfrasi del poema de Louis Aragon, l'artista fantasieja mitjançant *els ulls i la memòria* un itinerari imaginatiu que arrenca de l'agitació experimental juvenil i ens condueix a un temps

* Ràfols-Casamada. Pintura recent. Fundació Duques de Soria, Madrid 1997.

d'assossec tenyit de tradició, audàcia i autenticitat. Una imatge ajustada, segons la meva manera de veure-ho, del procés creatiu d'Albert Ràfols-Casamada, que acaba de celebrar el cinquanta aniversari de la seva *vie d'artiste.*

L'any 1946 exposa per primera vegada a la Sala Pictoria de Barcelona amb el còmplice picar l'ullet, més que generacional, d'Els Vuit. El 1947 presenta de nou a Pictoria la primera selecció individual sota l'abric del crític Benet, i el 1948 apareix al Saló d'Octubre, imatge i gest últim d'un D'Ors exhaust, amb obres d'insegura empremta cezanniana xopes encara en l'atmosfera figurativa d'un noucentisme més aviat evocatiu, formalment tamisat pel lèxic constructiu de Sunyer (*Balcó, 1948*). El 1950 arriba l'enlairament alliberador de París, amb una beca de l'Institut Français impulsada pel Cercle Maillol de Barcelona, la primera conseqüència del qual és la immersió frontal en el debat de les avantguardes històriques –Picasso, Braque, Matisse– però també el descobriment enlluernador d'una cultura negada més enllà de la frontera, assaborida a les llibreries i les terrasses del Quartier Latin. Un París encara lànguidament existencialista, més a prop de Vian i Camus que de la fenomenologia retòrica de Sartre. Un món perceptiu nou que assimila Merleau-Ponty sense negar Bergson, que descobreix Proust sense superposicions ni transcendències; és el contrapunt natural de les poètiques tardanes del surrealisme, Leiris, i de l'aventurisme creatiu revolucionari –sempre Malraux– i intimista –sempre Gide (*Journal*), Reverdy i més endavant René Char.

Però particularment és el París del Louvre i de les galeries el que fascina el pintor. Ha descobert, a la vegada, la tradició d'allò nou –Mondrian, el neoplasticisme, Klee, el millor Torres i García de voluntat constructiva, Léger– i les derivacions abstractes polaritzades en l'informalisme –Staël i Rothko– i l'expressionisme gestual –Motherwell i Guston–. Ara bé, enfront del que podríem anomenar variants castisses de l'informalisme espanyol, de caràcter matèric com en Tàpies o expressionista com en El Paso, la pintura de Ràfols destaca perquè assimila una sortida cap a l'abstracció que arrenca de la tradició figurativa ben assimilada a través de la naturalesa i el paisatge, a través d'una figuració que assoleix aviat i sense cesures un eloqüent llenguatge formal. Potser *Homenatge a Schoenberg* (1962) constitueix en l'obra de Ràfols la millor síntesi d'aquesta ansietat d'influències que amb tanta força marcarà la seva generació i definirà les primeres temptatives rupturistes en l'art peninsular de postguerra. Art que serà, sobretot, història de l'art.

Amb una altra excepció, a més: el distanciament formal, tan evident en el nostre artista, de l'imperatiu surrealista que constitueix quasi amb unanimitat el pas necessari cap a l'emancipació imaginativa. I aquí altre cop la presència noucentista fa a cops d'explicació o comentari estrident.

Tradició, realisme i llibertat creativa són sens dubte tres nivells d'aproximació a l'obra de Ràfols. Tradició vol dir ordre formal i cromàtic, organització equilibrada de l'espai visual. Realisme ho és tot menys una consigna: és una mera, rotunda, segura invocació emotiva a la naturalesa i un desafiament potser intempestiu a les potencialitats de la seva transfiguració formal. Llibertat creativa significa senzillament consciència del límit, acceptació serena d'unes pressions de l'ofici que han orientat al llarg de la història estètica: un món de pintura.

Per a Ràfols, amb tot, la pintura no és sols comunicació. És també acció, intervenció selectiva en un caos expressiu a través de les formes; una qualitat nova que s'assoleix en el moment mateix de la realització de l'obra. «La pintura és acció –ha confessat l'artista–, superposició de moments diversos del procés de treball [...]. Entenc l'art com un exercici creatiu. És la seva condició de producte de la llibertat humana el que dignifica tant l'activitat com el resultat. L'obra no és una cosa que sorgeix del no-res: respon a les necessitats de l'artista.» Sabem que Ràfols és un artista de lectures, un poeta pintor que sap buscar l'estímul intel·lectual encertat quan necessita una orientació conceptual o normativa. El seu exemplar d'*El arte como experiencia*, de John Dewey, en la versió del Fondo de Cultura Económica del 1952, mostra els subratllats que accentuen aquesta aproximació activa a la idea d'expressió: expressió com una acció i el seu resultat a la vegada. Acte personal que s'exerceix sobre alguna cosa amb un propòsit o objectiu i resultat objectiu a més d'aquesta acció –l'obra orgànicament connectada a l'acció mateixa de produir-la.

Ràfols-Casamada inventa en les seves pintures formes noves, de l'associació de les quals es defineix la *Forma* que constitueix el seu signe gràfic distintiu. La forma, en definitiva, com a triomf del treball ardu i conscient sobre una gamma reduïda d'elements cardinals que qualifiquen l'obra acabada: color, textura i traç. El color imposa un ritme plàstic que, en contrapunt, ho domina tot. La textura fa expressiva, objectiva fins i tot, la superfície pictòrica a la mirada o al tacte, tant és. El traç imposa la petja de l'artista en el concepte teòric, assenyala amb intensitat no volguda l'estat anímic de l'home que actua: marca l'obra.

L'abstracció serà sens dubte l'art del segle XX. La reivindicació del lliure exercici imaginatiu formal fet per l'artista a partir de qualsevol pretext, potser indeterminat: perceptiu, narratiu, referencial, històric, iconogràfic. L'explosió cromàtica del fauvisme va obrir el nostre temps modern i la desintegració formal del cubisme va sacrificar el color a la geometria constructiva del quadre. Els neoplasticismes han graduat la intensitat emotiva del color en funció de la seva potència pictòrica. Aquí situa Ràfols-Casamada la seva reflexió visual. La pintura madura de l'artista posseeix una tremenda potència reveladora que minimitza el *què* i el *com* de la trama formal i obre els nostres ulls a un desplegament insòlit d'associacions sensibles. Línies dissoltes en plans brillants, obres esbiaixades per superposicions de fort efecte lumínic, blaus desenfocats per blancs complementaris que es contraposen en plans d'anyil fortament condensat. Una *joie de vivre* visual que nega l'opacitat i el reductivisme decorativista d'una bona part de l'art no figuratiu actual.

La pintura de Ràfols-Casamada arrenca com sempre d'un supòsit diàfan: crea, configura una naturalesa artificial i, tal vegada exagerant les coses, podria afirmar-se que és el més terrible contrincant del món natural. L'artista no reprodueix, ni copia, ni tan sols s'inspira en el món actual, sinó que sostreu, més aviat escamoteja o construeix, com a lúdic *artífex*, una segona naturalesa plàstica que controla i domina a voluntat. En conseqüència, i per dir-ho amb paraules clares, al sistema historiat de la forma se li imposa la forma mateixa com un repte obert a la imaginació, tant del creador com de l'espectador ocasional.

Des dels temps de suau –però radical– distanciament de l'informalisme, Ràfols-Casamada ha pugnat per un espacialisme pictòric cada vegada més dens i depurat que només de manera tangencial remet al gestualisme i les estètiques neoexpressionistes, però sempre en contra de la moda. Ràfols va fer seu, i aquí cal situar el fonament del riquíssim imaginari visual que tenyeix l'última dècada, el neoplasticisme de disciplina mondrianesca, la ductilitat imaginativa de Klee i la sensualitat cromàtica de Matisse, i a partir d'aquestes assimilacions creatives ha situat l'obra d'art en l'equilibri difícil entre forma i color que s'expressa com una unitat a la superfície rectangular del quadre. Però a partir sempre d'aquelles complicitats normatives mai dissimulades o transgredides.

Ara bé, el sentit de la pintura última de Ràfols-Casamada no s'esgota ni de bon tros en la transposició depurada d'uns estats anímics o de les adequades obsessions creatives que impregnen les seves formes. La pintura de Ràfols ens proporciona un art que controla enèrgicament l'atzar. I crear una obra nova constitueix un risc: un problema a partir de les lleis d'uns signes en què convergeixen la tensió gestual, la urgència tècnica i la duresa mateixa de la matèria pictòrica. Tot determina el *drama* de l'obra. L'operació creativa se situa així en l'encreuament entre allò espontani i el control racional i es resol en un sobtat i, en el cas recent de Ràfols, brillantíssim desplegament de sensacions visuals immediates.

L'enriquiment i la complexitat sígnica i simbòlica en l'obra última de Ràfols em sembla sorprenent. Els grisos, els sienes, la gradació més obscura de tonalitats ens indueixen a pensar en una reflexió severa, per part de l'artista, sobre les arrels més profundes del seu art contemporani. Ocres i blaus sobre construccions limitades en negre, de remotes reminiscències geomètriques, allunyen aquesta nova obra de períodes aparentment més serens. L'espai i la llum, o la saturació cromàtica que gradua els efectes lumínics en aquest nou espai –l'obra– es converteixen en els protagonistes que ordenen, a la superfície no gens neutra de la tela, les tensions plàstiques i visuals que les formes constructives són capaces de generar per si mateixes. Sobre aquests postulats s'estableix el diàleg visual amb l'espectador.

I de nou una enlluernadora constel·lació de formes. Equilibri i dinamisme intern. Control i depuració expressiva de la matèria color sotmesa a unes variacions sígniques lineals que trenquen la geometrització de l'espai. Espai que es defineixen cromàticament en superposicions i contrastos de forta radicalitat i ombreig parc, al·lusiu. Arquitectura formal simplificada i reduïda el mer límit visual. Gamma cromàtica que es dissol en complementaris fins a aconseguir uns diàfans i projectius camps de color d'inhabitual nitidesa... Formes, presències fugisseres.

En efecte, els significats textuals, expressius i metafòrics s'han doblegat davant l'essencial significació pictòrica.

És possible una lliçó més gran? A l'eco de Sun Tzu: «*Il se peut que je me défende simplement en traçant une ligne sur le sol.*»

Memòria de Julio González*

I

La tasca de la crítica artística és equívoca com el rostre de Janus. Planeja una aproximació a l'obra d'art a través d'un complex nus de referències en el qual les funcions dramàtiques, narratives, externes en resum, de l'objecte visual apareixen verbalitzades segons les reaccions emotives que les imatges han suscitat en l'espectador. Aquesta mena de resposta a l'experiència estètica va donar lloc amb el pas del temps a un nou gènere oratori que els tractadistes clàssics van anomenar *ekphrasis*: una trama narrativa que recrea lliurement l'obra d'art mitjançant l'evocació del seu context ideal limitant les seves descripcions als elements iconogràfics constructius imprescindibles. Gombrich ha explicat amb gràcia que en certa ocasió el seu mestre Goldschmidt, notable medievalista continuador de Wölfflin, va projectar a la pantalla la diapositiva d'un paisatge holandès amb la pregunta: què hi veuen? «Veig una horitzontal creuada per dues verticals», va respondre un dels presents. «Jo veig alguna cosa més, de veritat», va ser la serena resposta de l'historiador. Ara bé, l'audaç estudiant vienès havia caricaturitzat segurament sense saber-ho una altra aproximació de la crítica artística a l'obra d'art, administrada amb més eloqüència que rigor en el projecte formalista del crític nord-americà Grenberg: el missatge de l'art modern, abstracte o no, és precisament que els mitjans són el contingut. Curiosament la simplicitat conceptual

* Presentació de la mostra *Julio González. Dibujos*, a la Galeria Oriol de Barcelona, durant la primavera del 1998.

d'aquesta astuta verbalització, mera consigna més aviat, ha enlluernat generacions senceres d'historiadors fent-los progressivament cecs a la disparitat sensible, contradictòria i sempre polívoca, que suscita la presència de tota obra d'art genuïna.

Aquestes polaritzacions de la crítica moderna condicionen encara més del que sembla el discurs actual sobre el nostre art immediat, consolidant tot gènere de proposicions analítiques contraposades a partir de les quals es construeixen fames pòstumes o ben vives i es regategen legitimitats formals molt eloqüents per a la mirada desinteressada.

La fortuna crítica de Julio González ha estat no tenir-la o assolir-la posteriorment, complint d'alguna manera la maledicció que fa de l'artista, per naturalesa i destí, un individualista genial. Mort en l'obscuritat de la França ocupada, la seva obra no va arribar a beneficiar-se del desplegament publicitari recent que ha apropat el públic majoritari a les icones més conflictives de les avantguardes artístiques. Va tenir clients, escassos i bastants incondicionals, de Picasso a Gargallo; va ser respectat i fins i tot estimat pels seus contemporanis, sense renunciar mai a les maneres artesanals característiques de la menestralia catalana del final del segle XIX de la qual procedia. És veritat que són pocs els qui el van tractar i encara viuen. Pierrete Gargallo, amb la generositat que li és característica, l'evoca sempre elegant i serè, poc expressiu però rotund en les seves apreciacions. Allunyat de les martingales de l'ofici i del fer l'ullet de la bohèmia. El seu taller es pot dir que va ser el seu món i ens parla de la seva persona molt millor segurament que altres testimonis, interessats moltes vegades i desenfocats sovint quan apunten a la singularitat de la seva obra. Un antipicasso, per ser breu. Però amb una complicitat no sempre apreciada: la serietat absoluta amb què va afrontar el seu treball i la disciplina despietada i exigent que va marcar la seva vida d'artista. Ell, que a penes va tenir obra.

La presència de Julio González en l'escena crítica parisenca és discreta però constant. Del llunyà 1913 quan la revista *Montjoie* reprodueix les obres presentades al Salon d'Automne fins a les conviccions formalistes d'Abstraction-Création l'any 1934 i la impressionant *Montserrat* del Pavelló Republicà del 1937. A més, la correspondència –només l'arxiu de l'IVAM en guarda 1.800 unitats– i els escrits teòrics com *Picasso i les catedrals* i l'inèdit sobre les arrels de l'escultura moderna, amb el pretext també de Picasso. Julio González va quedar al marge dels programes d'ADLAN, però va participar amb un text insòlit d'homenatge a Picasso en la inauguració de l'exposició d'obres del malagueny a la Sala Catalònia de Barcelona al novembre del 1936, sempre massa enfeinat en les seves originals formalitzacions, alienes a l'agre debat fonamentalista de l'època, com també Luis Fernández.

Ara bé, la reivindicació de la seva obra adquireix una dimensió internacional contemporània potser a partir de l'exposició al Musée d'Art Moderne de París l'any 1952 i al MOMA de Nova York l'any 1956, a través sorprenentment dels escultors que descobreixen en González la mirada tridimensional nova que converteix l'escultura en una endevinalla formal sobre l'espai i la dissocia definitivament del modelatge artesanal i classicista. N'hi ha prou de recordar l'homenatge vehement de David Smith.

Anys després, la seva filla Roberta i Hans Hartung van reconstruir tant com va ser possible, a través del projecte a la Galerie de France, la saga dels González, del taller artesanal de l'avi Concordio, en un soterrani dels inicis del passeig de Gràcia, de reputat prestigi entre els orfebres de convicció *arts and crafts* que van fer universal el desplegament imaginatiu del noucentisme, a les estètiques renovadores a la saga de vents nous empresa a París, per Joan i Julio, amb èxit desigual. Joan va morir aviat i la seva pintura ara es comença a descobrir, fortament tenyida pel temps d'art que va ser seu. Julio és un cas insòlit de genial inventiva plàstica. Roberta va acabar abandonant la pintura, obsessionada per la memòria i l'estil de l'obra del seu pare, que va administrar amb generositat, cal repetir-ho, amb donacions i préstecs quasi simbòlics a museus i particulars. De fet, que puguem contemplar en espais públics algunes obres de González que en l'actualitat resulten imprescindibles per conèixer l'evolució de l'escultura moderna, tant a París com a Amsterdam, Barcelona o Madrid, es deu en bona part a l'admirable compromís –quasi de clan, es podria dir– de Roberta, enfrontada fins i tot a faccions artístiques d'inqüestionable capacitat de maniobra i opinió artística no sempre persuadides de l'excel·lència de l'escultor. Les relacions difícils amb Picasso mereixen un estudi a part, igual que la tossuderia xovinista francesa que veia en González un altre incòmode avantguardista estranger, republicà independent i, a més a més, català. Margit Rowell, en el text que obre el catàleg raonat de l'escultor, ha sintetitzat lapidàriament la peripècia vital de l'artista: «*L'existence de Gónzalez fut sans grand relief, sa carrière fut brève, sa personnalité effacée et sa production modeste.*»

Afortunadament les coses han canviat molt. Les pioneres monografies d'Aguilera i Cerni (*Julio González*, Roma, 1962 i *Itinerario de una dinastía*, Barcelona, 1973), la rigorosa anàlisi de les claus formals de l'escultura de González, de Josephine Withers (Nova York, 1978) i, en general, el *Catalogue raisonné* de J. Merkert, orientat modèlicament per Tomàs Llorens i Margit Rowell, han situat González al lloc que li correspon en la definició de mirada moderna. Després va arribar la premonitòria aventura de l'IVAM, consolidada com un projecte de forta originalitat després d'uns inicis no gens fàcils, que ha convertit l'obra de Julio González i la recuperació de la seva memòria sensible en un projecte intel·lectual de calat profund per a la reconsideració crítica de les avantguardes històriques i la determinació formal de l'obra de l'artista com a contrapunt d'aquestes. L'IVAM ha reunit, sens dubte, la més completa col·lecció de l'artista, ordenada amb disciplina monogràfica flanquejada per l'arxiu i la biblioteca especialitzada. Es dimensiona d'aquesta manera la figura en l'àmbit internacional, i es contextualitza en el discurs de l'art modern l'univers visual de Julio González.

El primer simposi internacional sobre la seva obra va tenir lloc a València anys enrere. A l'Institut Valencià d'Art Modern, historiadors i especialistes de primer ordre, que podien parlar de l'escultor perquè coneixien bé la complexitat del seu llenguatge artístic, van debatre el llegat de González. Amb aquest motiu es va publicar l'entranyable testimoni reivindicatiu de Moullon, sobre l'artista –*El meu Montparnasse*–. Es tracta d'un manuscrit inèdit redactat com a homenatge personal per l'autor l'any 1967 i cedit generosament per les hereves de l'artista. Ens descobreix, en vivències de primera mà, un González desconegut, íntim i ens parla d'un temps que va ser seu fet d'esforç i imaginació. En aquest cas el tòpic es demostra encertat: la vida de Julio González va ser la seva obra i a partir d'ella hem de definir la magnitud de l'artista.

II

Julio González va voler ser pintor. Sembla que una visita ocasional al Museo del Prado el va portar a prendre aquesta decisió. El seu germà Joan pintava des de feia anys i el seu pare simultaniejava l'orfebreria –imperatiu professional familiar– amb l'escultura d'estàtua i gust clàssic. De fet, a partir del 1904, quan coneix Picasso, a les exposicions en les quals va prendre part va presentar joies i pintures. Ara bé, i atesa la varietat de temptatives artístiques que marquen aquells anys, cal pensar en un procés d'assimilació formal que discorre entre el modernisme i el noucentisme. Assaja amb guix, terra cuita, bronze i coure i fins i tot modela alguna escultura d'empremta tan tradicional com *Cap pensatiu*, del 1910. Fins el 1918, quan fa d'aprenent de soldador al taller de caldereria de La Soudure Autogene Française i descobreix les possibilitats formals de la nova tècnica, González ha estat intuïtivament un pintor. *L'ofrena* (avui a l'IVAM) data del 1917 i es va exposar al Salon d'Automne del 1920. És un artista versàtil, «dotat d'una imaginació enlluernadora [...] és pintor, escultor, arquitecte, ceramista, moblista; forja, bat, repuja el ferro, [...] a més és tan modest que des de fa vint anys ha arribat de Barcelona i se segueix amagant dels seus admiradors», escriu desbordat Alexandre Mercerau al catàleg de l'exposició parisenca a la Galerie Pavolovsky del 1922. Més tard, quan es presenta amb els avantguardistes a *Licorne* –entre ells Foujita i Zadkine– al subtil Maurice Reynal el sorprenen «les tendències d'un naturalisme tradicional».

Només a partir del 1930 González serà exclusivament un escultor i un escultor revolucionari, ja que és capaç de subvertir amb formes inèdites el vocabulari plàstic avantguardista, tancat en les derivacions volumètriques d'una estètica obstinadament cubista... Però entre el 1928 i el 1930 es produeix la col·laboració amb Picasso, a qui en un principi ha d'ajudar amb les seves tècniques de soldatge a dominar el ferro en un projecte de monument a Apollinaire. De Picasso va obtenir sens dubte les seguretats imaginatives que necessitava per llançar-se a un món de configuracions pròpies. Sembla que va col·laborar també amb Gargallo i va freqüentar el taller de Brancusi, però amb Picasso va fer tota una sèrie d'escultures –avui al Museu Picasso de París– que culminen amb *Cap de dona*, del 1930, i demostren una complicitat creativa potent que aprofita la creativitat il·limitada de Picasso i desenvolupa una concepció lineal i no planimètrica de l'escultura, investigant les possibilitats d'un espai tridimensional obert a punts de vista simultanis, complementaris o superposats. *Dibuixar en l'aire*, en efecte, però sempre des de les coordinacions de la figuració, contenint la deriva de les formes cap a l'abstracció, racionalista, purista o transcendent, convertida en estètica normativa a partir del 1924 pel grup Abstraction-Création.

La curiosa selecció de dibuixos que ara es mostra –pastels, puntes de grafit i carbonet amb suport de paper, per ser precisos– coincideix amb el període pictòric madur de Julio González. El més antic porta la data del 1903, l'últim és del 1925. S'ajusta així l'estratigrafia convencional que ordena la pintura de González en tres moments: un d'inicial, d'iconografia i factura simbolista de model francès, fortament matisat, però, per la sensibilitat modernista catalana; un altre iconològicament classicista, proper al simbolisme i a la representació al·legòrica; i un tercer, a l'últim, declaradament noucentista de més rotunda voluntat volumètrica. Entorn del 1929 el protagonisme escultòric és definitiu i el dibuix queda condicionat per la investigació formal i constructiva d'aquests projectes.

Sense aplicar al peu de la lletra aquesta taxonomia artística, tal vegada pugui servir d'utilitat per situar més adequadament els dibuixos exhibits. És cert que el modernisme, d'empremta cromàtica i decorativa primer i cezanniana després, va alliberar els artistes catalans de l'expressionisme estrident que constitueix a l'Europa urbana el contrapunt al fauvisme. Fins i tot en Nonell o Picasso la lliçó del naturalisme emotiu –via Velázquez o més extremat en Goya– tempera la vehemència formal fins i tot en temes obertament èpics, amb denúncia social o sense, i «l'ull sòlid» apunta de nou cap al camí de les geometries sensibles, construïdes més que modelades cromàticament, de Cézanne.

La pintura de González no va ser mai *esculpida*, tancada en pinzellades dures o severes. És més aviat un art de traços, de línia contínua i modulacions cromàtiques que subratllen volums i individualitzen les figures. Els temes més tradicionals –escenes, grups, personatges rurals amb voluntat de pastoral– responen a l'estètica de la *famille paysanne* tan reiterada durant la figuració d'entreguerres. Però denoten bastant bé la tensió del moment. Per una banda, la recerca de serenitat «sense misteri» de classicisme de tons elegants i composicions senzilles. Quasi aquest art mediterrani tan enyorat avui pels propagandistes d'un nou retorn a l'ordre plàstic. Per l'altra, un art de tipologies escassament individualitzades, sense matisos: dones, escenes d'un món bucòlic, sentimental, convertit en pretext per a un senzill exercici de color.

A Catalunya el debat sobre Cézanne va marcar el duel entre modernistes i noucentistes. Els hereus de l'impressionisme havien malbaratat en un llenguatge decoratiu i buit la indagació sobre les capacitats lumíniques dels colors en el pla equívoc del quadre –un art *comercial* com es deia llavors–. Al seu davant, una teoria compositiva de l'art que proposa considerar l'objecte artístic com un artifici visual fet des de la naturalesa, però construït a partir exclusivament de les formes de l'art: sistema i ordre, conceptes que defineixen ajustadament el projecte artístic de Julio González.

Aquests *divertimentos* sobre el color afegeixen, però, nous rastres al procés de concreció formal emprès per l'artista durant aquests anys d'entreguerres. Des d'un punt de vista plàstic, repussats i relleus en bronze, llautó o plata, tradueixen caps, màscares, figures –sempre femenines– reclinades o recolzades a un sorprenent arsenal de formes impregnat encara de les estètiques convencionals –del noucentisme al classicisme llatí i els valors plàstics–, és cert, però cada vegada més veritablement orientat pel volum, la densitat, la presència en l'espai d'unes formes lliures. D'*Un assegut amb llibre*, 1916, a les *Camperoles* dels primers vint i els nous *Nus* dels primers anys de la dècada dels trenta.

Segons la meva manera d'entendre el seu art, Julio González veia en els objectes inerts la possibilitat d'una determinada significació emotiva que emanava de la seva pròpia força, precisament perquè eren elementals: mida, color, posició feien de nexes formals que establien relacions primàries entre si. Amb una espècie de sensibilitat que es concreta en l'espai.

He apuntat més amunt la tendència historiogràfica que aproxima la pintura de Julio González durant aquests anys crucials al simbolisme tàctil i classicista de Puvis, influència sens dubte alliberadora de les últimes vel·leïtats modernistes, que aclareixen en certa manera l'opció noucentista dels anys següents. Potser sí, però sense les innecessàries extrapolacions que converteixen la història de l'art modern en una pugna freudiana d'identitats. En

González l'espai esbiaixat per plans oberts que forma el seu camp compositiu mai no adquireix la qualitat estàtica, immòbil –quasi etèria– que identifica les visions del pintor francès. Encara que tal vegada alguna analogia narrativa permeti un apropament que pretén sobrepassar l'anècdota. El crític Félix Fénéon havia dedicat el seu millor homenatge a Puvis de Chavannes, potser sense voler-ho, en definir molt de passada la simplicitat del seu art amb el pretext també d'una exposició de dibuixos:

«En un sol pastel és capaç de mostrar-nos a la vegada la més resignada serenitat, tan patent en tota la seva obra, i un cert sentit d'inevitabilitat que la qüestiona: una conseqüència senzilla de la unitat perfecta de color i línia» (*Revue Indépendente*, París, 1889, II, 3).

Paraules que sense cap temor a desentonar m'atreviria a traslladar a la mostra que ha motivat aquestes línies.

Invitació a la pintura*

En vista d'un paisatge europeu desolador, els primers anys de la reconstrucció, el filòsof Adorno va esbossar en unes breus línies –*Rere el mirall*– alguns suggeriments equilibrats sobre la pintura que em sembla oportú evocar ara. Primera mesura de precaució per a l'artista –escriu–: observar en cada passatge, en cada detall si el motiu central sembla prou clar. En efecte, el qui vol expressar alguna cosa nova es troba tan dominat pel motiu que es deixa arrossegar sense quasi ni reflexionar-hi. «Amb el *pensament*» s'està massa a prop de la intenció i s'arriba a oblidar allò que es volia dir.

Curiosament la pintura de Regina Giménez arrenca d'una reflexió severa sobre la pròpia capacitat imaginativa. Per això les sorpreses són escasses. Més aviat al contrari, ens sorprèn la seva disciplinada contenció, el fre de totes les divagacions ocasionals que puguin obscurir la seva –i és una manera de dir– primera voluntat artística. L'originalitat, ens diu si fa no fa, és un valor afegit i sempre qüestionable en aquest món nostre de mercat d'objectes intercanviables. Ara bé, què significa aquesta actitud, exposada millor que formulada, en aquest final de segle que viu –artísticament com a mínim– desbrossant vells camins cegats amb precipitació per una lleugera i intranscendent tradició d'allò nou? Senzillament la insistència en una posició estètica que per fortuna avui comença a ser habitual: Regina es pren seriosament totes les determinacions que han fet modern el gest de pintar. He de confessar que vaig conèixer la seva obra abans de saber res de l'artista, de les seves volen-

* Publicat com a volum independent. *Regina Giménez. Pintura*. Barcelona: Columna 1999.

ces i aspiracions; i he de confessar així mateix la sensació incisiva que em va produir aquest primer contacte. La seva obra em va donar la impressió confusa de ser: 1) massa madura tractant-se d'una artista tan jove; 2) massa prudent en una artista contemporània, i 3) massa seriosa per a aquest temps de màscares reciclatge de galeria. Potser, però, aquesta conceptualització d'excessos no resulta del tot retòrica quan es contempla amb deteniment algun dels seus paisatges urbans: cap condescendència emotiva, ponderada construcció formal, síntesi cromàtica neutra, sense estridències de registre *pop* o expressionista, com sol donar-se entre joves artistes d'urbanitat figurativa.

I aquesta és, segons la meva opinió, una correcta aproximació a la seva obra ja complexa. Mostra, sense trampes ni cosmètiques fora de lloc, un exercici depurat del vell ofici de pintar –sobre suports convencionals i amb la subtil condescendència del *collage* d'intenció figurativa– i demostra amb una energia impròpia de la seva generació, la consciència segura de situar-se al límit de les possibilitats de la pintura. Però, repeteixo, sense etapes teòriques ni subterfugis de manual per a alumnes avantatjats. Una pintura que assumeix la seva condició contemporània i afronta l'enunciat tangencial que li ve imposat per la publicística artística a l'ús: reflexionar sobre si mateixa... *Però*, a això anem.

Per a Regina hauria estat fàcil un capbussó a ulls tancats al sincretisme avantguardista que qualifica tantes de les prestacions artístiques que passen encara com a art nou –bon gust i habilitat tècnica– i, naturalment, trencar la baralla, llançar-se a l'exploració honesta o trucada de nivells poc explorats de la percepció visual amb el suport tecnològic apropiat: del vídeo al cinetisme imaginatiu o les semàntiques del disseny gràfic –qualsevol és vàlid–. Ara bé, Regina ha optat per un projecte plàstic de major calat les primeres temptatives del qual ens presenta ara, però en un territori de l'art francament acotat per la mirada personal que reconstrueix en interès propi una seqüència de visions sàvies que tenen la seva història, per descomptat, i que la nostra artista a penes dissimula.

D'aquesta manera ens ofereix una singular narració en imatges que sobreposa antics fetitxes d'infància en curioses iconografies que s'obren a lectures de major densitat: llot i naufragi, paisatges dramàticament detinguts en llocs sense temps, marques de pintura que profunditzen –gargotejant-la– la nitidesa de les velles instantànies i dels vells cromos... Un món conegut sobresaturat de registres personals. Concisos motius sentimentals d'una fantasia intensa, si haig de ser més precís.

Però, i és una dada a subratllar, sense pretensió ni audàcia, com pot verificar l'espectador més descuidat. Les obres de Regina ens situen amb una facilitat només aparent en el camí d'un vell art –la pintura– per obligar-nos a recerques inesperades, orientar trams narratius que apunten més enllà de l'obra. Bon principi, sens dubte, per a una travessia visual. Quan parlem, a més, des d'un món d'art sotmès a la confusió de criteris que condiciona, ens agradi o no, l'autonomia de la nostra sensibilitat cultural a extrems difícils d'imaginar en èpoques no gaire llunyanes. Un món d'art, en resum, que ens diu a crits l'avançat estat de descomposició del paradigma trencador que van suposar les avantguardes històriques, a penes refet també del trencament de l'informalisme modernitzant que va tancar files al final dels anys setanta, convertit ja en mer decorativisme inconseqüent: tan suficientment abstracte per ser modern, des d'un punt de vista trivial, i suficientment controlat per omplir amb la seva presència objectiva l'espai amarg del presumpte «bon gust».

Amb tot, entre els criteris encara actius i amb un mínim de capacitat subversora sobre les noves sensibilitats, s'explica una peculiar revalorització de la *modernitat*, assumida interessadament com un conglomerat de residus moderns en situacions contemporànies. Una posada en *present*, una experimentació renovada, i per dir-ho així, d'arcaics sistemes sígnics a través de pràctiques artístiques heterogènies. Allò nou, hereu del paradigma de l'avantguarda –ha escrit Yves Michaud–, manté encara una certa influència, però a condició de modular la novetat. En efecte, s'apunta un reconeixement de la novetat, però sense prèvia presa de partit per una *tradició d'allò nou* històricament determinada i ortodoxament definida, vista però de distàncies ben marcades, tant a nivell ideològic com pragmàticament formal. Una avantguarda en suma referencial, de segon grau que aposta per fer l'ullet amb complicitat a l'espectador desorientat, també empatxat d'imatges cultes. Parlem, doncs, d'una assimilació temperada i instrumental de les formalitzacions avantguardistes dirigida de moment a respondre als requeriments perceptius actuals més urgents: lloc de l'art històric en el discurs artístic contemporani, disfuncions no sempre previstes de la institució art –de la crítica al museu, la galeria o la mateixa economia creativa de l'artista individualitzat–. L'artista que apel·la a la consideració d'un professional responsable que pren les solucions figuratives pertinents allà on les troba, això és, en el llegat, fins i tot una mica caduc, d'una tradició imaginativa que integra així mateix la seva pròpia negació i els enriquiments multiculturals que designen la nostra època de recapitulacions.

Però tornem a l'art de Regina. El seu marc d'acció –dèiem– és la pintura però depurada de les connotacions militants i de consigna d'altres dècades, ens presenta una pintura respectuosament matística i suaument figurativa, que desconcerta. Fins i tot allà on sembla que el món de signes en joc participa d'alguna arcana convenció comunicativa, la composició i –no cal dir-ho– la lectura de les obres de Regina es fa difícil. No es tracta de taques de colors sinó d'escenes –lleus vinyetes ben equilibrades– que componen un univers narratiu de claus fugisseres en què l'estructura formal –llums i gradacions, ombrejat i densitat pigmèntica, *collages*– accentua la sensació d'estranyament i llunyania. Les obres es transfiguren així en composicions d'una poètica figurativa altament eficaç, en contrapunt amb el realisme naturalista, un punt *kitsch* i per descomptat no gens crític, com l'esperit del món contemporani que aspira per enèsima vegada al protagonisme subreptici en la nostra esfera pública de l'art. Convé dir-ho amb claredat, la mirada de Regina és una mirada moderna sense necessitat d'incongruents recursos *tatxistes* ni il·lusions virtuals de mà aliena. És una escriptura visual que construeix un potent món exterior i ens obliga a identificar-lo a través del desplegament de determinades vivències emotives ancorades en l'autobiografia de l'artista pintora. Parlem doncs de pintura, d'uns signes formals, en suma, convertits en valors plàstics que convergeixen i s'objectivitzen en configuracions sempre noves, sovint ancorades per una anècdota narrativa, a vegades desfigurat qualsevol vestigi referencial mitjançant un savi estratagema de contrastos matèrics. Com que d'això es tracta, Regina intenta dotar la seva pintura d'una dinàmica estratègia narrativa que ens faci possible descobrir, des d'un punt de vista sensible i en la mesura possible només sensible, sensacions inèdites a través de diferenciació temàtica o textual dels sobris passatges que activa la seva mecànica visual, utilitzats ara, a més, com una mena de model constructiu per a un relat amb figures.

Gadamer ens ha recordat en un text clau per l'assumpte que ens ocupa –*The Relevance of the Beautiful*, Cambridge, 1996– que les estratègies del relat solen presentar una doble presència. Una, potser d'enunciat dèbil, que tendeix a la integració de l'obra d'art en les categories d'un camp aliè a l'art per afirmar així «el caràcter positiu de l'acte creador». Les obres d'art il·lustren «mons de sentit» referencials, bé es tracti de la història de l'art, la sociologia i fins i tot de la vida quotidiana. Una altra, més poderosa i declaradament crítica, situa el significat de l'obra d'art en l'entramat formal que la constitueix i defineix com a obra d'art, això és, a partir d'unes qualitats estètiques precises. És així com el conflicte formal sintetitzat en l'obra incideix sobre l'espectador en insinuar en ell una complexa resposta que anomenem experiència estètica. Des de qualsevol punt de vista, doncs, la invocació d'un significat transcendent acredita d'alguna manera la densitat del procés estètic i predisposa l'obra a la comunicació, que, per altra banda, justifica i exigeix l'ardu exercici d'interpretació i lectura.

Regina insisteix a fer-nos entrar en la seva pintura. Ens introdueix en els seus colors que detallen ambients, coses, objectes que la fascinen amb la seva presència muda, però que són el pretext per a la narració de moments de tensió que constitueixen la seva autobiografia visual. Llargues ombres ocres que destaquen sobre un cel verdós, blaus de mar que ofeguen equívocs fragments a la deriva subratllats en *collage*. Paisatges contorsionats o d'estètica severitat que s'allunyen intencionadament de qualsevol identificació verista fàcil i ens arrosseguen a un espai propi, dominat magistralment per l'anar fent de l'artista. Una espècie de teatre sense temps, si se'm permet la paràfrasi, on figuracions esquemàtiques de senzillesa infantil ens aclaparen amb la seva insistència. Un temps immòbil, en efecte, aliè a la grandiloqüència però distant així mateix de qualsevol sobreexpressivitat dionisíaca que pogués delatar l'omnipresència de l'artista, la seva tutela enfront d'un espectador respectuós i expectant. Una llum nova, personal i envoltant que ens obliga a transgredir aquesta dimensió íntima. Voldria ser capaç, pot aventurar a mitja veu la nostra pintora, de transcendir en uns quadres la fascinació que motiva el fet senzill de fixar sobre una tela les ombres estètiques i fermes dels casos més irrellevants, les mirades més comunes o els pensaments menys elaborats. Una filosofia del viure, per què no repetir-ho, formulada sense la menor pretensió. Un conjur renovat en cada obra nova al plaer inefable de la pintura, el vell ofici d'emmascarar fantasies sobre una superfície mai neutra que ens imposa també la seva realitat, el seu fragment de matèria viva.

Perquè al marge de ràpides neutralitzacions historiogràfiques, que teixeixen les formes en estils i aquests en diagnòstics visuals d'èpoques determinades també convencionalment, la pintura és un fet físic que sobrepassa la descripció verbalitzada i la intenció implícita de l'artista i –per què no– les seves circumstàncies. La pintura és feta de petits fluids i d'excrescències que concreten la seva densitat i volum. De gestos amb la brotxa o el pinzell –les mans i l'espàtula– que ens parlen d'una batalla diària pel domini de la matèria pictòrica fins a doblegar-la i convertir-la en un nexe mínim d'afirmació artística. L'acte de pintar –vivim avui una inflexió compromesa sobre el tema amb el pretext del *dripping* i les tècniques aparentment formals de Jasper Johns– implica un diàleg difícil entre volum, massa i color: un itinerari de traços que nodreixen els gestos d'apropiació de l'artista. La pintura és també oli i terra triturada, alquímia de dissolvents i aglutinants, dinàmica i mecànica de rituals i destreses que van substantivar una antiga artesania.

En una carta sorprenent redactada els anys de maduresa de l'artista, Matisse ha confessat a Louis Aragon –octubre del 1941– alguns secrets de taller que aclareixen tot això que acabem d'apuntar. Ens ofereixen a més un testimoni de primera mà del desafiament persistent dels materials pictòrics que ni el temps ni els seguidors de l'ofici arriben a contrarestar del tot. Ens mostren, a més, la grandesa d'un pintor que no es resigna a abandonar-se a la facilitat de les fórmules ni als resultats de control racional: torna altre cop a les arrels del seu vell ofici.

Souvent quand j'étais au bout de mes moyens, je pensais à Rembrandt [...]. *Je me disais que Rembrandt, lui, n'a pas besoin de toucher à son papier pour lui donner une qualité* [...]. *Depuis déjà très longtemps j'ai conscience en m'exprimer pour la lumière o bien dans la lumière, qui me semble comme un bloc de cristal dans lequel se passe quelque chose –(ce n'est qui après avoir joui longtemps de la lumière du soleil que j'ai assagé de m'exprimer pour la lumière de l'esprit).* [...]

Etant pris pour la lumière je me suis souvent demandé, en même temps que je m'évadais en esprit du petit espace entournant mon motif et dont la conscience d'un espace semblable a suffi il me semble aux peintres du passé, je m'evadais: donc de l'espace qui se trouvait dans en fond du motif du tableau, pour sentir en esprit audessus de moi, au-dessus de tout motif, atelier, maison même un espace cosmique dans lequel on ne sentait pas plus les murs, que le poisson dans la mer. [...]

Aussitôt les valeurs (différences du noir et blanc) s'allègent et les parties d'ombres en sont plus «profondes»... La peinture en lévient aérée même aérienne. *Donc en même temps que s'étendait mon* espace pictural *je me demandais souvent en travaillant quelle devait être la qualité de la lumière des Tropiques, pour le dire.*

En una carta posterior datada a Niça al setembre del 1942, adreçada també a Aragon, és encara més explícit:

J'ai finalment engagé la partie sérieuse avec la peinture... Mes premières séances n'ont pas été très significatives..., mais la dernière a marqué un point serieux. Je me suis engagé dans une certaine conteur des idées depuis longtemps [...]. *En somme j'ai commencé à* labourer [...]. *Les champions sont un certain Matisse qu'il connait et cuit depuis si longtemps et une personne bien diverse, et bien perverse qui se compost différentment avec chacun a qui elle démande tout entièrement, et qui s'apelle la Peinture...*

Potser aquesta dramatització intensa del compromís pictòric tan impecablement relatada per Matisse valgui de paraula formal sobre el tema. Qualsevol comentari serviria, en el millor dels casos, per debilitar la seva força, trivialitzar la seva argumentació. A la nostra jove artista correspon ara extreure la moralitat positiva i calibrar les dificultats de bregar amb el vell art de la pintura. Amb demostrada sensibilitat i alè tècnic, Regina ha exposat la nostra mirada crítica a aquests admirables exemples de la seva peculiar arqueologia imaginativa. Una seqüència icònica dirigida per un fort component emotiu que repassa, a través d'elegants ficcions visuals, un registre sentimental que considero ja tancat. Ens ha endinsat en el seu món pictòric sense escamotejar-nos l'obra encara a mig fer: el pinzell dubitatiu i la mirada vigilant cap a l'estímul mínim, la idea més ben ajustada a la transposició visual en aquests «*tableaux-chapitres*» de contingut autobiogràfic i afectiu. Idèntics objectes i esdeveniments narratius sotmesos contínuament a una nova llum i a altres tonalitats. Models, potser figures humanes, escenes de memòria però mai asèptics figurants en un interior neutre. Són els motius vius del seu treball que s'afirmen lliurement a través de la sensibilitat formal de Regina fins a convertir-se en el sentit natural de la seva pintura: línies que aventuren valors estètics sobre la tela i el paper i conformen espais de tensió expressiva. Una excel·lent aproximació a aquell *certain conteur des idées* exigit per Matisse.

El senyal de partida està donat. Confio que la jove mirada de Regina, ja no gens ingènua, trobarà ben aviat nous i més audaços horitzons de desenvolupament en aquest il·limitat món d'art que encara anomenem afortunadament pintura.

Un altre jove, el visionari Leopardi del desassossec primerenc, l'estimula per aquest sender que ningú no augura fàcil ni senzill.

... In purissimo azzurro
veggo d'all'alto frameggiar l'estele,
qui di lontano fa specchio.
Il mare, e tutto di scintille in giro.
Per lo voto seren brillare il mondo.

Paisatges de la memòria*
Entorn de la pintura valenciana dels seixanta

La dècada dels seixanta i els primers anys setanta, en bona lògica fins a la Biennal de Venècia del 1976 en la qual es reconstrueix el llegat artístic radical durant el franquisme, es caracteritza, sens dubte, pel debat –de fet sord, però amb alguna freqüència prou crispat i estrident– entorn de l'informalisme artístic i les seves possibilitats de transformació plàstica en –per què no dir-ho– un realisme amb fronteres. Un realisme compromès en la transformació de la sensibilitat estètica, de potent voluntat interventora i política, juntament amb un altre vessant realista, centrat en les arts visuals, que prudentment s'adjectivava llavors d'històric. Propugnava, amb l'efervescent vehemència dels temps, un apropament figuratiu crític a les trampes i als components que havien forjat l'entramat subtil de les polítiques culturals durant la dictadura. Una presumpta modernitat inqüestionable apareixia a la mirada unànime com a fil conductor d'un procés renovador que havia de transformar la nostra cultura de barricada i testimoni en l'art nou que l'època demandava: cosmopolita, internacional i de tensa sincronia avantguardista, però, a la vegada, arrelat en la nostra història immediata com una teràpia renovadora d'urgència. A València, el Grup Parpalló i una successió de propostes de treball figuratiu manifestades en projectes col·lectius d'equip –*Abans de l'art*, de caràcter conceptual i pragmàtic, *Crònica i Estampa Popular*, de signe desmitificador i activista– marquen les tendències imaginatives més assenyalades i coherents en aquells mo-

* Dins *Pintura valenciana del siglo XIX*. Catàleg del Patrimoni Artístic de Bancaixa. València, 1999.

ments, disseccionades aviat en unes obres ben determinades de diferent calat formal i fins i tot de discutible incidència pública. Si l'informalisme semblava incapaç d'eludir el decorativisme elitista –sense qüestionar la força gestual de bastants apreciacions concretes–, l'avantguardisme havia d'assumir també una delimitació espacial i definir-se enfront de les exigències del moment: de l'expressionisme objectivista i brechtià a una invocació simplificadora però eficaç dels continguts programàtics que fan l'art històric.

Amb tot, a partir dels anys seixanta s'ha de parlar ja de la consolidació a València de diversos grups d'artistes, crítics, i fins i tot d'un tímid desplegament de galeries –a més de les llegendàries de Mateu i Braulio, l'atzarós protagonisme de l'Ateneu Mercantil, els primers passos artístics del Club Universitari i l'estímul de l'Institut d'Estudis Nord-americans– que van marcar la sensibilitat de la nostra cultura visual amb una presència persistent i innovadora. En l'àmbit de la informació artística, per exemple, a la revista *Arte Vivo* s'afegia *Suma y Sigue del Arte Contemporáneo* l'any 1962, any de la publicació a Barcelona de *Nosaltres els valencians* de Joan Fuster, carta de batalla de la nostra anomalia cultural, que va despertar el pobre debat que calia esperar. Fuster disseccionava cruelment una societat encara rural i cacic, però vençuda i fugida cap a la nostàlgia d'un passat quimèric, en ple desplegament, però, del desenvolupament neocapitalista que invalidaria definitivament el franquisme. Una cultura de masses i un art per a les seves exigències que, en definitiva, mal podien atendre el folklorisme tradicional o el vell reducte acadèmic amb la seva formació anacrònica d'excel·lències locals.

En resum, tot el que des d'un punt de vista artístic evoqués la figuració acadèmica i el retorn a la tradició d'una història de formes lineal i acumulativa, encara que resultés crític i ben argumentat, quedava desautoritzat pels rigors de la nova sensibilitat. Una història de gèneres i modes els valors estètics de la qual aportaven la bona manera de fer i un cert bon gust quedaria malmesa per sempre. Però s'ha de dir tot, una altra vella tradició escolar, amanerada i redundant, incapaç d'assimilar fins i tot les audàcies lumíniques, sempre en el buit, de Joaquín Sorolla, dominava l'Escola de Belles Arts des de l'inici de segle. Amb les excepcions que toquen, és cert, però que només en temps llargs és possible de singularitzar mitjançant l'ajust de les seves aportacions: el neosorollisme de recepta i resumit va aniquilar qualsevol aposta positiva per transformar el naturalisme de gamma impressionista en un projecte idoni per aprofundir en el problema del paisatge modern, per exemple. L'apropiació mimètica del retrat vuitcentista i de *tipus*, sempre ostentós i il·lusionista, va convertir el gènere en un anacrònic exercici de virtuosisme expressiu, incapaç d'arribar més enllà d'unes empremtes no sempre confessades.

La crítica periodística, a més, d'una buidor sentimental i verbalitzadora inenarrable, va ajuntar files, per descomptat, quan tot just la tradició de la novetat assimilava, quasi a la força, les millors sensibilitats fins i tot entre el disciplinat alumnat artístic, fins feia ben poc indiferent. El viatge iniciàtic a París o l'antiga escapada a l'Acadèmia Espanyola de Roma, amb la seva modesta escola d'experiències, particularment museístiques, s'interpretaven quasi per unanimitat com a irresponsables desvaris cap al no-res. No és casual, així, que la vella tradició pictòrica acabés convertint-se en una mena d'estigma negatiu i desqualificador, en una variable més del provincianisme irreductible estimulat pel conformisme del públic i tancat en els circuits casolans d'una clientela que només entén l'art com un model sumptuós i legitimador de la posició social. És un original, es deia, per marcar les distàncies amb l'habitual estampa del calendari emmarcada.

Ara bé, davant qualsevol afirmació artística convé distingir que es dóna un punt apreciatiu i un altre de creador. El prudent respir en els qui saben manejar el pinzell abans de començar una obra nova no està renyit amb l'envergadura d'una obra personal acabada. L'obra de gènere, la capacitat portada a l'àpex de la destresa, és també un bon criteri per qualificar l'art gran, perquè el gènere en la història de l'art té alguna cosa de menut, d'elemental que desafia les solucions conceptuals de més empenta. Pot demostrar, i no és poc, l'austeritat i la sobrietat essencial de l'art.

El paisatge és un gènere modern. Ha convertit en experiències artístiques vives els vells fons de les traceries arquitectòniques del classicisme. Berenson sostenia que l'art de la pintura és un art del tacte més que de la visió, perquè aïlla en la ment objectes sensibles que després recompon en l'espai plàstic. I citava Cennino Cennini: «Si el pintor desitja adquirir una bona manera de pintar muntanyes i fer natural aquella visió, agafi unes pedres, ordeniles sobre una superfície que no sigui plana... i apliqui llums i ombres a voluntat, canviant-les constantment de lloc; obtindrà el millor perfil d'una muntanya.» Cennini suggeria d'aquesta manera, per la via de la paràbola, el caràcter sempre artificiós d'enfrontar-se a la naturalesa des d'un punt de vista artístic, en el qual el protagonisme correspon sempre a una aventurada opció formal reeixida o no. El paisatge, doncs, és una estructura abstracta acolorida la composició formal de la qual resulta ser també abstracta. La més senzilla transposició a una determinada gramàtica visual de les configuracions i els colors de la naturalesa exigeix una minuciosa estratègia d'equivalències que conclou en una pura síntesi formal, i només formal, que per afinitat perceptiva evoca un paisatge definit. «*Je deviens, comme peintre, plus lucide davant la nature*», confessava Cézanne. En efecte, el desplegament d'estímuls sensibles és de tal envergadura que el pintor, si és conscient del procés, ha de sotmetre's a la *tirania de les formes* –com aconsellen els tractadistes clàssics– per aconseguir una obra d'art.

La curiosa selecció de paisatges que ara es presenta participa, en la mesura modesta d'una tradició consolidada sobre les divergències acadèmiques del gènere, del debat sobre el color que acompanya una part no gens negligible d'aproximacions modernes a la pintura. Al marge, no cal dir-ho, de la trama figurativa o informal que condicioni el resultat definitiu i sostingui l'anàlisi de qualitats artístiques que fan genuïna tota obra d'art. Perquè, des de qualsevol punt de vista, és sempre alguna cosa més que un correlat artificial –pigmentació química i ofici artesanal– de les tonalitats locals o naturals que percebem a través de les coses. Es tracta, així, d'explicar algunes de les maneres plurals legitimades per l'activitat pictòrica de traduir sobre la superfície del llenç, mitjançant l'harmonització de pigments i ombres, il·lusionisme estructural i astúcia compositiva, uns raonables equivalents perceptius de l'experiència estètica del pintor davant un determinat paisatge. El color porta la part protagonista en aquest joc de convencions, si més no en les tendències figuratives que arrenquen de Bastien-Lepage, mentor de Sorolla i mestre de lluministes amb una forta empremta clàssica, que sens dubte defineixen el nostre sistema modern de percepció de la realitat natural.

Acceptem, doncs, que el paisatge és una construcció artística, en conseqüència artificial, que utilitza la naturalesa com un pretext emocional, o en el millor dels casos en qualitat d'estímul sensible a partir del qual s'ordena l'espai formal del quadre. Un ordre fonamentat en el control i la manipulació efectista de la línia, que delimita els contorns, accentua el moviment imprimint direcció i tendència i estableix els plans volumètrics. La gradació lumínica, l'espessor cromàtica –les textures i la seva resistència objectiva a la pressió de la mà– responen al projecte expressiu que l'artista va configurant sobre l'escena pictòrica. Per al vell Zuccari la línia ordenava una naturalesa quasi divina, apuntava en una primera expressió, sempre temptativa, la *idea* platònica d'una realitat absoluta que la representació devia percebre a través de la sàvia gamma de combinacions aparencials, espectaculars. La línia devia captar d'aquesta manera el *disseny íntim*, imaginatiu i creador que l'artista percebia en les coses naturals i traduir-lo mitjançant la seva fantasia en l'embolcall físic o *disseny exterior* que faria possible la representació. El color, en un nou ordre plàstic, equilibra la superfície plàstica amb les formes, densitats i textures que són propis dels objectes que es descriuen. Sobre aquest complex visual, eminentment ambigu, es disposen les àrees del paisatge la intersecció de les quals *construirà* la profunditat de l'escena, centrada sempre sobre un eix formal –el *motif* cezannià– que ha de captar la mirada de l'espectador i dirigir el seu interès sensible. Enèrgic, dur i geometritzant –una reconstrucció intel·lectual, per dir-ho d'alguna manera–, d'evocacions lumíniques determinades segons una disciplinada selecció formal –en l'exemple clàssic de Cézanne; atmosfèric, inaprensible i difús en el cas de Pissarro– centrat en els interplans acolorits que desvirtuen les tonalitats locals.

Un paisatge construït d'aquesta manera, amb mirada moderna i intuïció comunicativa, empàtica, se situa en l'arrel de la nostra comprensió actual del gènere. Assumeix, per transgredir-la, l'estructura acadèmica tradicional del disseny lineal i l'únic punt de perspectiva... per modelar-la tonalment. Dit d'una altra manera, davant d'un distant decorat figuratiu –amb motius naturals, com correspon al gènere– la sensibilitat moderna va generalitzar a través de l'impressionisme la percepció d'una naturalesa activa, transcrita en ordenacions formals de provada potència emotiva: un món natural evasiu, dinàmic, que difumina les tangibles arquitectures sensibles del classicisme i tradueix a expressivitat subjectiva, artificial, la monumentalitat i solidesa de les escenografies naturalistes. Una detinguda atenció al detall, podria suggerir-se, o bé la comprensió oberta del conjunt plàstic com a totalitat autònoma, són opcions que demostren les conviccions estètiques de cada artista i ens permeten a més qualificar el signe pictòric original. Ara bé, els paisatges que donen lloc a aquesta nota a penes comparteixen altres postulats que aquesta difusa caracterització moderna del gènere en la seva variant històrica, però fortament condicionada pel lluminisme, anomenem-lo geogràfic, que tempera les aspreses del programa acadèmic. Amb alguna excepció notable, per descomptat.

L'última pintura de Porcar torna al colorisme inicial, però sense inhibicions d'escola. Gamma cromàtica densa, superexpressiva i de tonalitats *fauves* que converteixen la seva obra en un radical exercici gestual. Les calcografies rupestres realitzades per l'abat Breuil i el pare Obermeier a la dècada dels trenta a la Vall Torta van sorprendre tothom, explicava Lluís Pericot, per la seva fidelitat i energia. Potser aquesta pintura sense límits, d'empremta directa i simple, hagi actuat en la seva pintura madura amb més intensitat que altres influències de caràcter elaborat i acadèmic.

Pere de València és, durant els seus últims anys, un marinista convencional amb una peculiar sentimentalitat entre romàntica i efectista. Els seus paisatges responen a la composició educada al museu i sempre incòmoda en els espais oberts. El lirisme classicista queda lluny i la brillantor dissolvent del millor Sorolla massa a prop: potser el pretès punt intermedi exigeixi una major concentració en unes solucions formals que gradualment es converteixen en un hàbil repertori de sensacions estètiques ben controlades.

Genaro Lahuerta va mantenir fins al final –i els seus paisatges ho demostren sense esforç– una fidelitat ben primerenca envers l'ordenació espacial volumètrica, continguda en efectismes cromàtics, que evoca l'assimilació conscient de la síntesi cezanniana. Amb una doble peculiaritat, però, molt positiva en el paisatge perquè suposa la complicitat formal amb altres models més radicals del gènere: la persuasió lineal i de disseny presa de Matisse i la sensibilitat visual de l'expressionisme cromàtic descoberta al nord d'Àfrica. Una mirada, ara sí, de pintor que sap actuar amb les agudeses de les formes.

Luis Arcas i Francisco Lozano destaquen potser per la inventiva i la serietat del projecte constructiu que denoten els seus paisatges. Arcas redueix la naturalesa a elementals estructures cromàtiques, sempre autònomes, amb força evocativa. Encobreix molt bé la convicció inicial del dibuixant que domina el gravat i, en conseqüència, els contorns lineals. Lozano –i vaig tenir ocasió d'argumentar-ho en el moment oportú– és potser el nostre paisatgista contemporani més original. Ha sabut sostreure's astutament a la desoladora polèmica postsorollista i aventurar una genuïna teoria del paisatge sense escamotejar signes d'identitat pictòrica. Va descobrir a París l'impressionisme cerebral de Cézanne i la capritxosa fascinació cromàtica de Dérain per capgirar la visualitat estrident del luminisme mediterrani. Però es va aproximar a Regoyos i Palencia quan necessitava seguretats constructives. Els seus *arenals* més que altres exercicis plàstics amb paisatge al fons, són autèntiques ficcions naturals –colors saturats, difuminat figuratiu, contenció d'horitzons lineals–. Sens dubte Lozano és un dels escassos pintors actuals que han sabut transformar el paisatge en un problema pictòric d'essencial magnitud per comprendre les dificultats de la percepció sensible moderna, saturada de configuracions formals molt actives. Ha aconseguit reduir el contingut anecdòtic de fàcil assimilació en la seva obra, accentuant el materisme cromàtic. I aquesta és la seva força plàstica.

Concloguem acceptant que és difícil calcular la importància del paisatge en l'evolució de la sensibilitat contemporània. En sabem bastant, per fortuna, de la influència del paisatge en la concreció històrica dels nostres corrents no figuratius, d'empremta lírica o expressionista. Tal vegada l'aparent facilitat dels llenguatges naturalistes –fins i tot els més declaradament antiacadèmics– hagi generalitzat una opinió gratuïta que converteix la naturalesa en un generós repertori de respostes constructives... si es té l'habilitat de formular adequadament les preguntes, és clar. Res menys proper a la realitat artística.

A partir de l'assalt impressionista a les certeses d'il·lusionisme naturalista anquilosat en l'academicisme, el desenvolupament i l'exemplificació de les propietats del color i, cosa que és més sorprenent, la traducció a obres d'art dels problemes de la seva percepció ha donat vida a una poderosa memòria sensible que condiciona la mirada encertada del pintor amb una intensitat similar a l'atzarós desplegament natural de les coses al món. En el nostre món de fantasies, com a mínim.

La dimensió artística*
L'itinerari imaginatiu d'Andreu Alfaro

...Am stillen Ort.
Goethe. *Gefunden*, Weimar 1813

L'alè favorable de la deessa Fortuna, sempre vel·leïtosa i imprevisible, permet que convisquin en aquesta ocasió dos artistes d'excepció del nostre art modern –Albers i Alfaro– en el lloc més privilegiat del museu. Per primera vegada, l'escultor valencià Andreu Alfaro presenta una selecció substantiva del seu itinerari artístic en un museu alemany, justament quan acaba d'assolir la setena dècada amb un envejable vigor creatiu. Albers i Alfaro comparteixen a més la vella complicitat que defineix el millor art de sempre: la seva difícil qualificació, una enriquidora versatilitat que fa enigmàtica i estimulant cada nova proposta que la fantasia suggereix a les seves obres.

Alfaro és des d'anys enrere una presència recurrent en l'espai artístic alemany, i un crític admirador de la seva cultura. Convé no oblidar que l'exposició més ambiciosa celebrada per l'artista fora de les seves fronteres va ser «Plastischer Dialog mit dem Barock» que ens va sorprendre a tots en els jardins de la Residència Augustusburg a Brühl a l'estiu del 1985. Com tampoc no hem d'oblidar l'impressionant desplegament d'homenatge a Goethe celebrat a Madrid durant la primavera del 1989, amb unes extraordinàries jornades internacionals sobre el geni alemany que vaig tenir la sort de coordinar.

Com tothom sap, els museus i les col·leccions públiques van

* Text publicat en alemany amb el títol *Die kunstlerische Dimension* en la presentació de l'antològica de l'artista al Josef Albers Museum de Bottrop, Alemanya, estiu del 1999.

néixer amb un objectiu inicialment didàctic i conservador. Havien de construir la memòria del passat immediat a partir dels objectes d'art, però a la vegada preservar-los i enriquir-los –fer-los més i més complexos– amb totes les associacions històriques i estètiques que ajudessin a millorar la comprensió de les obres. Les col·leccions privades o estatals doten el museu de noves obres d'art que es converteixen ara en exemples artístics notables d'una narració comprensiva orientada cronològicament o mitjançant subtils associacions d'estil i escola. El visitant pot recórrer d'aquesta manera les sales seguint el fil d'un relat integrador que entén el significat de les obres d'art amb relació a un temps determinat, històric o estètic, o bé singularitzar aquestes obres d'art en un altre temps artístic propi que aspira a imposar al visitant la seva radical novetat formal.

En el nostre món cultural contemporani, globalitzador, obert i declaradament antidogmàtic i mestís, el trencament de les seguretats perceptives que va avançar l'impressionisme i el desajust sensible que van potenciar les avantguardes històriques després, han marcat un gir irreversible en la manera de veure l'art. L'art nou respon així a una mena de sensibilitat negativa: l'obra d'art no es defineix com això o allò, aspira, regulat per l'estil o la forma, a convertir-se més aviat en un signe sensible a descobrir. Però un signe actiu, a l'assalt de la *platitud* arqueologitzant i seca dels esquemes historiogràfics convencionals. Un signe que pretén justificar-se, i fins i tot defensar-se eventualment, amb els mitjans propis de l'art: l'originalitat i l'eficàcia perceptiva de les seves formes sensibles. Els objectes visuals s'han transformat d'aquesta manera en un detonant que desafia historiadors, crítics i conservadors –i per què no, el visitant despert– en la recerca de noves formulacions que expliquin ajustadament el desplegament visual que respon al signe creador d'un artista amb nom propi. Els museus s'han convertit –i és una paradoxa saludable de la nostra confusa postmodernitat– en espais d'art viu. Des d'aquest punt de vista, doncs, analitzar els diferents nivells d'excel·lència en la trajectòria imaginativa d'un artista pot ser avui una estratègia correcta per comprendre'l millor. Però centrada sempre en l'evolució formal de les seves obres, cosa que accentua les dificultats d'un model historiogràfic autènticament normatiu. Es tracta d'establir, en un grau acceptable per a la gramàtica figurativa de l'artista, una seqüència de continuïtats i ruptures fins a la «perfecció ideal» que l'artista estableix com a meta dels seus triomfs perceptius. Un desafiament essencialment perceptiu, si es mira bé, ja que destaca entre una gamma il·limitada d'estímuls visibles aquells que exigim de tota obra d'art veritable, perquè desperten en nosaltres una nova experiència estètica. I aquests estímuls són decisivament artístics. Pertanyen a la *dimensió* artística de l'objecte visual que es construeix i representa en qualitat d'objecte art. Un objecte nou, depurat sensiblement per una selecció formal que arracona com a efectes secundaris els mers continguts referencials: històrics, narratius, culturals o socials en un sentit ampli.

Quina energia formal, quina força comunicativa llueix aquesta obra o aquella altra? Com ho percebem? Tals semblen ser ara les qüestions vitals per a la comprensió artística. Per damunt o a més del significat o la raó constructiva que puguin inferir-se històricament de l'específica selecció estilística potenciada per l'artista en cada ocasió.

Segons la meva manera de veure-ho, les obres d'Alfaro configuren la imatge d'una totalitat harmònica. A *Monument a Europa* (1984), per exemple, les línies es transformen en volums i les rectes es disparen en feixos formals, mentre que l'espai és el contrapunt de la concreció volumètrica. L'artista *construeix* d'aquesta manera un significat que mostra en la forma d'un símbol plàstic.

Però potser convingui una mica d'història. Andreu Alfaro procedeix d'una família valenciana vinculada d'antic a la petita burgesia comercial. Però amb decidida voluntat urbana. Aliena al segur negoci cítric –raïm, taronja, llimona i fruita primerenca després– que ha constituït durant segles la base del benestar estable dels petits propietaris locals i establert a Europa una sorprenent punta de llança del cooperativisme agrari en una època preindustrial. Una família, a més, laica i republicana; embarcada en el procés de renovació social que la República del 1931 va impulsar en una Espanya retrògrada. Recordem que el seu llegendari oncle Vicenç –advocat notable– va ser alcalde de la ciutat i la família sencera va compartir els ardors radicals del novel·lista i polític Blasco Ibáñez: una educació rigorosa fonamentada en les llibertats cíviques i una ètica de la responsabilitat individual que entroncava amb la vella tradició europea i que es traduiria, més tard, en la rigorosa moral del treball que Alfaro ha reivindicat amb contundència. Una cultura de conviccions. Des d'un punt de vista artístic, però, Alfaro és un autodidacte, format en el sever rigorisme de la memòria del vell batxillerat, que donava l'esquena a l'art per considerar-lo massa lleuger i equívoc per a l'adusta pedagogia del treballador del nostre temps.

Alfaro resol a mitges aquest conflicte generacional punxant, simultaniejant el negoci carni familiar amb una aproximació cada vegada més compromesa amb el que havia de ser el nucli d'una incipient avantguarda artística valenciana: el Grup Parpalló. És un moment d'assimilació forçada de les avantguardes històriques, de sorprès descobriment de les possibilitats d'un art nou en l'enlluernadora exposició de Brussel·les *50 Ans d'Art moderne*, de consciència plena de les fronteres locals quan es pretén un art radical i transformador, que per definició és ja internacional. L'artista ha confessat més tard (1983): «Va ser una de les grans exposicions de la història de l'art modern [...]. Aquella experiència em va obrir els ulls. Quan vaig tornar al taller les coses no cabien al quadre [...] i vaig començar a fer abstracció.» Amb la distància és fàcil d'entendre que Alfaro no podia sortir indemne d'una immersió en l'escultura moderna que partia de Rodin (Balzac, 1897) i arribava a Calder a través del núcli de formes provocadores de Laurens, Boccioni, Gabo, Arp, Julio González –amb presències tan eloqüents en l'exposició belga com *Femme au Miroir* i *Montserrat*–, Giacometti, Brancusi i Moore.

No és casual, doncs, una primigènia i doble conversió kandinskiana de l'artista valencià: a la pintura i simultàniament a l'abstracció. Els guaixos testimonials es conserven a l'Institut Valencià d'Art Modern com a procés depuratiu cap a la tridimensionalitat. El descobriment del filferro i la llauna, amb la seva inesperada ductilitat expressiva, assenyalen un camí que en Alfaro serà impressionantment fèrtil: se situa en la perifèria de l'industrialisme tecnològic i imposa als nous materials –acer i barnilla– un codi semiòtic propi a través del qual estableix una rigorosa estratègia de comunicació amb el seu món –la cultura negativa del franquisme tardà espanyol– però obstinat en la clarificació simbòlica de mancances universals: l'amor i la mort, la solidaritat, els grans mites fundacionals de la nostra civilització classicista i romanitzada. En un temps, també, d'immersió en la història de l'art, d'assimilació artística forçada dels grans problematitzadors de l'escultura moderna: Brancusi i González l'estimulen en aquesta recerca d'unes formes elementals capaces de suportar la saturació comunicativa que l'artista s'ha proposat d'imposar-los. El pla dóna entrada al volum i amb això el descobriment de l'art concret que condiciona en Alfaro –positivament segons la meva opinió– els excessos de l'informalisme gestual, lineal i sincretista, per al qual l'artista sembla estar predestinat per instint natural.

Dins el Grup Parpalló, que assenyala els començaments creatius d'Alfaro, coincideix amb l'informalisme quasi radical del pintor Monjales, però s'alinea també amb el normativisme que a la València dels anys seixanta propugnava el crític Aguilera i Cerni i que va significar l'apropament militant a la construcció i l'anàlisi d'un nou llenguatge plàstic impregnat de l'objectivisme exigent de Gropius i els dissenyadors de la Bauhaus tardana, implicada en una interpretació contemporània de les arts i enfrontada al repte d'*inventar* eficaces formes industrials per a un món tecnificat i anònim.

A partir del 1960 la planxa metàl·lica substitueix la barnilla –*Al vent* (1963)– i incrementa la capacitat d'intervenció espacial. Les superfícies es converteixen en plans i aquests construeixen uns volums oberts en diàleg amb l'entorn. A mitjan dècada dels seixanta, però, el pla és substituït per un vector lineal que es dobla per a configurar una peculiar figuració simbòlica –*Adam i Eva* (1964), *L'arbre de la vida* i fins i tot *La fàbrica de silenci*– en un llarg procés d'austeritat formal i màxima lleugeresa visual que s'obre a les generatrius dels anys setanta.

El 1966 Alfaro va ser seleccionat per la crítica espanyola per la XXIII Biennale de Venècia. L'artista va mostrar *L'arbre de la vida*, que va sorprendre l'opinió especialitzada. Norbert Lynton comentava uns quants mesos després en la revista londinenca *Art International* «...estructures de ferro ben simples que es poden qualificar de primàries i que en el seu muntatge destaquen per la força i el caràcter directe». Aquestes estructures primàries potser aproximaran Alfaro a la prefiguració del minimalisme, tot i que, ben mirat, ni l'interès de l'artista s'adreçava cap a tals viaranys conceptuals ni el debat minimalista influiria, ni tan sols superficialment, en la trajectòria de l'escultor espanyol. Les estructures primàries retornen a la fascinació de la geometria i proposen noves organitzacions formals abstractes , ben definides, però, per una unitat projectiva. No s'estableixen com a models que marquen l'espai entorn, sinó que s'entenen més bé com a construccions harmòniques que hi estan implicades i compromeses. L'espectador no pot restar indiferent davant seu i les ha d'envoltar i travessar, ha d'experimentar els múltiples punts de vista que suggereixen els plans i els volums: geometria, espai i ordre, cerca d'equilibri –en una paraula– que explica les relacions entre els objectes, els volums i les línies.

La seva disposició recíproca amb relació a un tot artístic que es converteix d'aquesta manera en una mena de llei natural de les proporcions. Penso en obres de registre formal tan proper a Alfaro com *Tapanga* (1965) de l'americà Robert Grosvenor.

La reflexió visual d'Alfaro sobre el minimalisme apunta un nou interès pel constructivisme rus que, per descomptat, condiciona l'estructura sintàctica del model figuratiu d'Alfaro, igual que el retorn sentimental a Brancusi com a escultor de superfícies i plans convergents inspira el projecte generador de l'artista. La dinàmica virtual, però, el moviment que activa les obres d'Alfaro en funció del punt de vista de l'espectador –que el percep com un múltiple sotmès a la dispersió lumínica– té poc a veure amb les idees que sobre el context perceptiu de l'obra d'art van forjar els minimalistes, predisposats més aviat per Duchamp a un simple trasllat o disfunció d'estructures geomètriques o objectes específics molt determinats. El cas de *Two volums* (1961), de Robert Morris, és evident, i les propostes de Mark de Suvero denoten per la seva mera presència plantejaments aliens a les inquietuds d'Alfaro durant la dècada que s'inicia.

Els setanta són el temps de les generatrius. Alfaro descobreix en l'acer inoxidable un punt de refracció lumínica que transforma el conjunt plàstic. En efecte, la construcció amb barnilles, tubs laminats i la disciplina a què sotmet els seus desenvolupaments geomètrics permeten a Alfaro crear un nou tipus d'obres que suggereixen la idea de moviment o exigeixen de l'espectador una actitud activa davant unes construccions que es perceben canviants, segons el punt de vista de l'espectador. *Rombes bessons* (1976-77), *Gran cercle negre* (1976) alteren els seus perfils fins a transformar del tot la silueta percebuda a la saga de la mirada de l'espectador. Quadrat o cub?

Segons la meva manera de veure-ho, la proposta de multivisió que Alfaro ens ofereix en aquestes obres s'aproxima al projecte renovador de Moholy-Nagy. Podem contemplar diferents figures segons l'angle d'observació, és cert, però a la vegada percebem indistintament la figura i el fons, en una síntesi visual que multiplica l'efectivitat emotiva de l'obra. També Alfaro aposta per la nova visió que exigeix de l'espectador la mirada moderna, educada en les avantguardes històriques i en el disseny gràfic, que accentua l'enfocament sobre la nitidesa de la percepció visual. A més Alfaro és contundent sobre això. En la nova dimensió artística proposada, es generen les noves formes d'intersecció visual. Que donen llibertat a l'artista, però també a l'espectador, que pot alterar l'obra a voluntat i segons la seva posició i punt de mira.

Però Andreu Alfaro és un escultor d'espais públics. La linealitat estètica d'origen constructivista dóna lloc gradualment en el procés figuratiu de l'escultor a una nova racionalització de l'obra entesa ara com una estructura en l'espai. El geometrisme dinàmic condueix l'artista a una intencionada intervenció expressiva a través de l'obra. Alfaro entra d'aquesta manera en una etapa d'experimentació amb l'espai públic en el qual l'antagonisme és dimensional. L'escala de la realitat ambient exigeix de l'artista una nova reflexió original en la qual les idealitzacions formals se sotmeten a l'imperatiu del lloc i als caràcters en moviment. El concepte de bellesa escapa així del rigor conceptual del taller i baixa al carrer per definir-se en l'espai obert, en un debat actiu amb l'arquitectura que ha de resoldre en cada situació.

A ningú se li escapa que Andreu Alfaro ha après de la didàctica artística de la Bauhaus el valor de l'experimentació amb els materials, a portar a l'extrem les seves possibilitats visuals o expressives. Les escultures són construccions que es forgen a l'estudi taller de l'artista amb una forma i dimensions determinades, però concebudes per ocupar un espai obert que les transcendeixi sense renunciar a la seva elegant singularitat. Les escultures d'Alfaro formen, per dir-ho d'alguna manera, l'espai que les rodeja i es transformen en instal·lacions que van més enllà de la seva mera presència en un lloc específic, per dialogar amb l'entorn que les obliga a imaginar configuracions noves. *Som* (1988), davant del Palau de Justícia de Colònia, consisteix en una estructura formada per sèries tubulars que es bifurquen en una seqüència escalonada en dues ales, que a la vegada agilitzen la severa linealitat vertical de l'edifici. *El món* (1985-1986), a la Plaça de la República de Frankfurt, es converteix en un pont sobre el pont gràcies a l'hàbil virtuosisme de sostenir-se sobre l'aigua i transformar-se en un molí en espiral que s'eleva per obrir-se en l'espai. L'estètica de l'artista es defineix a partir de les obres. Alfaro comparteix els ideals racionalistes i il·lustrats de la vella tradició humanista i aspira a influir en l'espai urbà humanitzant-lo, apropant-lo a la mida de l'home. La naturalesa s'enriqueix així amb el sublim artifici de l'art i al mateix temps l'art es dessacralitza en intervenir amb paper protagonista sobre l'eterna dansa de la naturalesa. La duresa del nostre món de ciment es tempera amb la presència d'una segona naturalesa, intencional i gratuïta, proposada per l'artista en les seves obres concloents i alternatives.

Si considerem l'època de les generatrius com un desenvolupament crucial en la trajectòria d'Alfaro que accentua el caràcter racionalista i tecnològic dels projectes públics, també és cert que aquesta nova dimensió artística augura un gir inesperat en la seva evolució. Alfaro aprofundeix en l'experiència estètica que ha de motivar l'obra d'art concreta i es mostra més receptiu i atent amb els components no racionals que acompanyen l'activitat artística. Atzar, joc, plaer i comunicació són variables de la dimensió artística que incideixen amb força en les vivències individuals de l'obra d'art i condicionen en gran part l'autonomia creativa de l'artista.

Voldria aturar per un instant aquest precipitat repàs pels mons de l'art d'Alfaro per subratllar els moments de la seva obra que considero d'interès per entendre el seu punt de vista en la plàstica moderna. En altres paraules, la recuperació de la figura humana i el procés de reflexió sobre la línia contínua que l'experiència potencia. La fascinació per l'obra i la figura de Goethe, que porta Alfaro a una reflexió de calat sobre les contradiccions de comportar-se en artista en el nostre món administrat. El retorn a la tradició de la història de l'art i la consciència progressiva d'un fet que s'obstina a negar la postmodernitat cultural: l'obra d'art es fa història en el museu i sobre aquesta es construeix la tradició que trama la nostra immediata modernitat. La percepció de l'artista es forja primordialment en l'experiència de l'art, en la freqüència de mons d'art complexos que l'artista ha de descobrir en les obres d'art històriques. L'estatuària preclàssica i l'art arcaic deixen en Alfaro una empremta profunda quan descobreix en la pedra –el marbre– un horitzó de possibilitats expressives que durant els últims anys ha transformat en impressionants desafiaments artístics. Harmonia, equilibri intern, proporció, encarnen nous valors plàstics que Alfaro descobreix en el nucli de forma i matèria dels *Kouroi*. Massa i volum convertits en presència estètica.

Però la consolidació d'al·lusions figuratives explícites en les obres d'Alfaro al llarg de la dècada dels vuitanta mereix una atenció acurada. No es tracta d'un convencional «retorn a l'ordre» després de les monumentals juxtaposicions de les generatrius, ni d'un descobriment tardà del naturalisme idealitzat pel formalisme. Assistim més aviat a la proposta de noves temptatives de construcció no mimètica entorn de la figura humana, però enriquides ara per la vella volença biomòrfica dels primers abstractes en fusta (*Amor II* o els mòduls dels seixanta). *L'arbre nu* (1983), *Figura d'un temps* (1993) o les sorprenents *Porta I, II, III* del mateix any, presentades en l'antològica del Mercat del Born de Barcelona, avancen el retorn al dibuix del natural i al nucli central de l'estatuària clàssica: el cos humà. *Afrodita* (1984) i *L'avenir* (1984) potencien les possibilitats de la línia per definir la forma. La línia sintetitza en un gest la complexitat d'una acció humana.

Les escenografies barroques que Alfaro desenvolupa el 1985 als Jardins de Palau de Brühl demostren una immersió profunda de l'artista en les arrels de l'escultura i la traducció del llenguatge lineal barroc a una seqüència de cites i sobreentesos que sostenen el diàleg amb l'impressionant conjunt rococó. Alfaro desafia la disciplinada espectacularitat barroca de la façana amb àgils gargots d'acer de genealogia berniniana –*Àngel del futur* (1984)– o desajusta el geometrisme il·lustrat del jardí amb un inesperat homenatge a Duchamp (*Fountain*).

Alfaro admira en Goethe la difícil amalgama de vida i obra. La passió creativa com a contrapunt de la disciplina d'*oeuvre* constitueix, sens dubte, la gran lliçó contemporània de Goethe. Alfaro veu en el poeta «l'antimetafísic, antiheroi, antipatriota... de sinceritat brutal». Educat per a la bellesa, és cert, però que sap descobrir el valor de la llibertat individual en tot projecte emancipador d'abast universal. L'obra de Goethe és experiència humana viva traduïda al llenguatge actiu: desdeny envers el sistema i desconfiança de les normes, en efecte, però també contenció clàssica i rigor formal. Durant els anys vuitanta, l'estímul de Goethe és una constant en l'obra d'Alfaro que apunta a Brühl i s'afirma en l'exposició *De Goethe al nostre temps*, organitzada a la Fundació Mapfre de Madrid al juliol del 1989. Ombres femenines d'enorme senzillesa i puresa decorativa que ens ajuden a definir el perfil fugisser de Goethe com *Charlotte von Stein* (1981) en marbre i ferro, *Bettina Brentano* (1988), *Werther* (1982-86) d'estridents ecos brancusians i *Les afinitats electives* (1985), on l'entrecreuat lineal i geomètric pretén convertir-se en una al·legoria de la passió impossible. *Sturm und Drang* (1988) va prendre materialment la vorera davant la galeria madrilenya transformat en un colossal perfil de marbre. Les fantasmagòriques figures de *Walpurguisnacht* van inquietar i intrigar un públic sorprès per l'energia versàtil de l'artista, quan es van presentar a la *Kunstmese* de Colònia l'any 1990.

Amb l'exposició madrilenya es va organitzar a la Fundació Mapfre un col·loqui d'homenatge a Goethe que vaig tenir la fortuna de coordinar personalment. El tema era ambiciós –Goethe i la cultura europea– i pretenia establir els trets d'una civilitat europea a partir de la cultura. La cultura és el nexe genuí d'unitat europea, va ser la proposta anunciada en aquella ocasió i argumentada per intel·lectuals de prestigi en esgotadores jornades de discussions sota la vigilància del Goethe d'Alfaro. Hans Mayer, Martin Walser, Jorge Semprún, Agnes Heller van ser els protagonistes d'excepció d'aquells dies que recordo amb nostàlgia, per què no dir-ho. Alfaro ens va permetre recuperar amb Goethe la noció essencial de continuïtat històrica, la tensió entre classicisme i romanticisme, la importància de la llibertat formal en la representació estètica, l'equilibri entre mimetisme i abstracció. La sensibilitat, en resum, entesa com a condició imprescindible per temperar creativament el passat des del present. Goethe era el símbol del contagiós ideal alemany de *Bildung*: la convicció d'una cultura arrelada en els principis universals de l'humanisme, però atenta i sensible sempre a les particularitats històriques i individuals que l'enriqueixen com a experiència per als homes. Goethe va ser classicista i romàntic, o potser les dues coses al mateix temps. Però el que avui ens interessa és la versatilitat de Goethe per traçar algun nou concepte clàssic de les nostres aspiracions existencials determinat simultàniament per la tradició antiga i l'*ethos* modern. Una herència que Goethe assimila genialment transformant-la en les seves característiques formes artístiques. Alfaro ha estat rotund sobre això: «Clàssic és el llenguatge que sense referències històriques inamovibles s'imposa necessàriament per entendre una cultura.» Es tracta, d'aquesta manera, d'una doble apel·lació, com va quedar ben reflectit en les *Jornades de Goethe* a Madrid, a la identitat de la cultura europea i a la cultura europea com a identitat.

Recentment Alfaro retornava sobre Goethe. Durant la primavera del 1999 «prenia» la *Casa de Goethe* a Roma amb una mostra molt personal que partia de *Les elegies romanes*, en una sèrie exquisida de litografies, per tornar Goethe a la ciutat que li havia fet descobrir el món clàssic i la intensitat de la vida senzilla, fastiguejat de la retòrica cortesana de l'asfixiant Weimar. *Goethe a la finestra de la seva casa a Roma* (1988) i *Goethe* (1988), cap de marbre negre, trobaven d'aquesta manera el seu destí ideal en ocasió del CCL aniversari del poeta i dins un projecte que exigia repensar Goethe des d'una perspectiva contemporània. «Sota el signe de la llibertat» era el lema encertat que Christa Lichterstern utilitzava per unificar l'original aportació d'Alfaro en la recerca del *Künstlerischer Eros*, entre les disfuncions de la pragmàtica artística contemporània.

Al llarg d'aquests últims anys Alfaro treballa simultàniament la pedra i l'acer. Cada material exigeix un tractament particular i condiciona unes possibilitats de desenvolupament plàstic. El 1988 Alfaro presenta a Colònia i Madrid una curiosa mostra *De la vida i la mort, la memòria*, amb tres sèries d'escultures calcàries, planxades i embarnillades d'acer ordenades en seqüències quadrangulars. *Amazona II* (1988) i *Afrodita* IV (1989) culminen en *Les tres gràcies* (1992). L'escultura sembla que s'allunya de l'efectisme pictòric i assoleix les qualitats sensorials de la pedra transformant-la en un equivalent del cos femení. Just un any *després* de la gran antològica que l'Institut Valencià d'Art Modern va dedicar a l'artista i que havia de descobrir els *Kouroi*. Durant la tardor del 1991, en efecte, va tenir lloc a l'IVAM la citada exposició retrospectiva d'Andreu Alfaro. *Des dels límits de l'escultura* era el *motto* que els comissaris Llorens i Todolí van considerar apropiat per contenir l'efervescent univers de l'artista: més de duescentes obres –escultures, dibuixos, esbossos.

En una conferència del 1989, pronunciada a l'auditori privilegiat del Museo del Prado, Alfaro es manifestava ja a favor d'una «escultura no pictòrica». Què pretenia amb la presa d'una postura tan radical? Refusava senzillament l'obstinació de la tradició escultòrica occidental en qualitats estètiques com la composició, la superfície o la textura dels materials, més properes a la pintura que a l'escultura. Alfaro reivindicava d'aquesta manera la puresa perduda del llenguatge escultòric, l'exigència de tornar l'escultura als seus límits.

Amb aquest propòsit es remuntava als orígens de l'escultura clàssica en la Grècia arcaica i en l'Egipte antic, quan el cosmos semblava inescrutable, acabat i encara no sotmès al setge de la sospita científica moderna. *Kouroi* (1990) i després *Ramsès* (1991) semblen la culminació d'aquesta indagació en què s'entrellacen escultura i arquitectura, figuració i construcció, modernitat i tradició. Alfaro s'allunyava dels seus vells ferros, però només de moment.

Vaig tenir la fortuna d'acompanyar Alfaro en una primera visita a Egipte i puc garantir la pertorbació que van produir en la seva sensibilitat estètica les *presències* exemplars dels grans emblemes arcaics: verticalitat, concisió, mesura, i fins i tot desmesura contribuirien al *tempo* de l'escultura rotunda d'Alfaro durant els anys següents.

En efecte, com he tingut l'oportunitat d'argumentar en una altra ocasió, durant els anys més recents l'obra d'Alfaro ha condensat una part definitiva de la seva reflexió sobre l'escultura i el seu lloc en el pensament visual. A partir, com a mínim, de l'*Homenatge a Goethe* i les variacions sobre Rubens –*Les tres Gràcies*–, ja en el període de marbre, el seu treball denota una forta inflexió cap a models més audaços de la història de l'escultura: Bernini seria un exemple clar, però també Brancusi, González i una llarga successió de temptatives lineals sobre el ferro. Alfaro, a la inversa potser de l'itinerari plàstic que ha orientat la seva generació, que és resoludament antirealista per compromís d'edat i rabiosament informal sense matisos, i torna al figurativisme d'inspiració naturalista amb les seguretats de trenta anys llargs de formalització experimental, forjats en un diàleg tens amb els resultats més estables de l'avantguarda històrica. Alfaro canvia senzillament de registre i trasllada els seus focus d'interès a la nitidesa formal de les avantguardes històriques per reduir-les després a la interpretació original dels senyals d'origen de l'escultura. El món preclàssic li ofereix encara una gamma inexplorada i riquíssima de modes constructius que, a la vegada, li faciliten una anàlisi audaç de la gestualitat humana en els seus primerencs orígens culturals.

L'home egipci que flexiona el genoll en caminar, en la transcripció d'Alfaro a penes necessita una lleu fenedura marmòria per fer efectiva la qualitat d'aquest gest. Els seus torsos suggereixen una bellesa mil·lenària i ja intemporal subratllant la seva simplicitat, en reeixits encaixos polièdrics formalment autosuficients, de tersa i continguda emotivitat, malgrat les seves dimensions sovint colossals. Propers tal vegada a les *Formes*, senzilles i dobles de Barbara Hepworth de la dècada dels anys trenta, però bastant més densos que altres torsos clàssics de l'escultura moderna: Jaspers (1921), o els quasi contemporanis d'Alfaro realitzats per Alberto Viani (1956-1962).

Alfaro pren el punt de vista de l'espectador i limita a extrems radicals la seva intervenció patent sobre l'obra, que sempre pot contemplar-se com una elaborada construcció formal a partir de la pedra, com una nova realitat espacial. O bé, al contrari, l'espectador inquiet pot buscar el significat humà dels referents culturals explícits en l'obra i ponderar la densitat dels seus resultats des d'una arcaica tradició de l'escultura figurativa.

A partir dels anys noranta l'escultura d'Alfaro ha persistit en l'àmbit de rescat de materials forts. Si la seva mirada s'havia dirigit a l'estatuària arcaica amb el resultat dels *Kouroi* i les intenses figuracions sobre la duresa i la resistència, massa i volum com a suports d'una presència artística que resisteix el pas del temps, els últims anys, però, el retorn a l'acer oxidat i al polit que evoca les primeres contribucions de la dècada dels anys seixanta constitueix un nou motiu de sorpresa en l'evolució d'Alfaro.

Ens trobem ara davant d'un art cridanerament intemporal, construccions en acer que dibuixen petits buidatges en sèrie o derivació de forta tensió dramàtica: cercles o el·lipsis foradats per dissenys aparentment decoratius però que actuen sobre l'espai en què aconsegueixen una transposició eficaç. Formes, en definitiva, que ens remeten al procés germinal de l'escultura d'Alfaro i ens recorden primerenques construccions en ferro com *My black brothers* (1965), on la placa de ferro se sotmet a una torsió de 180ºC sense perdre la seva simetria: textura, mesura i pes s'equilibren recíprocament. *Cercles* retallats en espiral sobre acer oxidat o buidats en formes lliures d'intensa presència visual que sovint recorden Matisse per la seva simplicitat constructiva, però que demostren l'estudi acurat de les planxes figuratives de Julio González des d'un punt de vista conceptual.

Alfaro és conscient de la seva condició d'artista modern, educat en la mirada nova d'una tradició saturada d'història i condensada al museu. Però també és cert que ha estat un deixeble avantatjat de l'idealisme constructivista i funcional de forta empremta Bauhaus: és un fet indiscutible que la societat industrial contemporània ens obliga a retallar pretensiositats romàntiques i a treballar amb la racionalitat que la tecnologia ens permeti... però amb l'exigència de la vella artesania: «Treballar, ordenar i construir. L'època de la destrucció ha passat», ha reiterat l'artista en diverses manifestacions. L'art ha de «funcionar tant al museu com a la sala [...] internant-se en l'arquitectura, en l'urbanisme o en la pròpia casa».

Però també és una dada no gens negligible que la dècada dels seixanta havia potenciat a Espanya la figura de l'artista treballador, segurament sostingut ideològicament per l'estètica de resistència davant la dictadura i la seva retòrica de transcendències. Alfaro és artista de taller, d'equip i col·laboració, de discussió entre experts que dominen les destreses d'un vell ofici –forja, cisell i disseny–. El taller és un espai de treball manual, però un espai tridimensional que no ignora les noves tecnologies: els esbosssos assoleixen la dimensió que els compromisos públics els exigeixen, per descomptat, però a través d'una operació quasi més matemàtica que geomètrica.

A la inversa del minimalisme, Alfaro es desentén de la dialèctica estetitzant entre la naturalesa i l'artifici i construeix objectes plàstics que desafien o se sobreposen a la naturalesa, que són llenguatges d'art declarats i aspiren a afirmar-se com a tals. Les morfologies d'Ulrich Rücksien (1938), per exemple, actuen marcant geomètricament fragments calcaris ordenats a l'atzar; Alfaro, però, tradueix les seves idees al marbre o a l'acer, intenta dominar la seva resistència matèrica a través d'unes «construccions mentals» que es legitimen en la dimensió de l'art i aspiren al judici universal de la bellesa, i no pretenen confondre's amb les capritxoses casualitats de la naturalesa. Encara que potser, com ironitzava Kenneth Clark, un acabi veient tots els còdols com ombres de la fantasia de Henry Moore.

Tal vegada una saludable conseqüència d'aquesta actitud sigui la sorprenent versatilitat d'Alfaro. La convicció que el món de formes actua *estèticament* en l'espai restringit de la dimensió artística. L'artista fantasieja noves associacions formals que poc tenen a veure amb la moda i avalua la seva eficàcia en un context estètic en el qual només participa l'originalitat, la disciplina sensible i la memòria. A més densitat d'estímuls estètics –derivats d'un univers formal infinit obert a la història de l'art sense fronteres– més complexitat perceptiva. Que l'artista cultivi un estil únic –la seva «marca d'origen»– és una mera audàcia comercial que només s'entén des del mercat: el client necessita saber que es tracta d'un Alfaro perquè el distingeix fàcilment. Res no sembla en els nostres dies més pertorbador que «vitalitzar» l'obra d'art convertint-la en el testimoni sensible d'un difícil procés d'afirmació formal. *Vull amor i llibertat* (1965) respon en la seva senzillesa esquemàtica als efectes de massa i volum: pot evocar potser un remot eco totèmic, però fins i tot la seva horitzontalitat sembla condicionada per l'esforç comprensiu i natural de torsió. Al llarg de la seva trajectòria l'artista deixa un perfil desigual que mai no s'assembla a la silueta en ombra dels seus propis gestos. Perquè senzillament, com ha assenyalat amb perspicàcia Tomàs Llorens, és el perfil de la seva obra.

Alfaro coneix la meva antiga devoció per Berenson, imprevisible *connoisseur* avui lamentablement arraconat. Em va regalar fa temps un dibuix que tradueix, en breus traços essencials, les mans encreuades del genial crític. La polarització que Berenson va intuir fundacional en la percepció de l'art crec, però, que continua vigent i serveix per explicar l'aposta per una imaginació creativa, lliure de restriccions referencials que Alfaro ha fet seva. L'art, segons Berenson, intensifica la vida i se situa entre els imperatius morals que exigeixen de l'home il·lustrat sensibilitat envers el món. Però simultàniament apel·la a la qualitat, únic criteri perdurable per qualificar una obra d'art quan les referències històriques i fins i tot culturals es fan borroses.

El ciutadà Alfaro ha evitat sempre, fins i tot en aquelles obres que el temps ha convertit en símbols col·lectius del seu país, la fàcil emotivitat, però també aquesta incòmoda asèpsia constructiva que sembla delegar l'art al firmament de les ombres. Ni *La veu d'un poble* (1965) –ferro cromat– ni *Homenatge a Leonardo* (1971) –fusta– o, recentment, les columnes encunyades que en *pietra serena* invoquen la utopia de la llibertat en el campus de la Universitat Autònoma de Barcelona fan referència a la severa prova de la seva dimensió artística. Andreu Alfaro és un artista contemporani que sap que forma part d'una tradició cultural que prescindeix de les estètiques normatives. Així, la responsabilitat de l'acte creatiu és doble, ja que sintetitza en l'obra ritmes de registre contraposat: el temps de l'artista i el de la història de les formes que utilitza. L'obra d'art es converteix, doncs, en el testimoni acabat d'un moment estètic irrepetible que s'afirma en la dimensió artística, en el territori privatiu de les formes.

Berenson ho va intuir amb major agudesa i millor prosa. En les arts visuals el moment estètic és aquell «instant fugaç, breu fins a ser quasi sense temps, quan l'espectador és un tot amb l'obra d'art, en formes, colors, volums» (*Esthetics and History,* Constable, London, 1948). El temps i l'espai sembla que es dissolen i l'espectador queda posseït per una sola percepció: la seva experiència estètica.

Un cert sentit de la bellesa*

Anys enrere a París, durant una interminable sobretaula hispana, el notable medievalista Georges Duby repassava amb mi amistats barcelonines properes. Jo sabia que l'historiador era un bon aficionat a la pintura, però em va sorprendre la seqüència d'artistes que anava desgranant i la incisiva caracterització de tots ells. A l'atzar, van saltar alguns noms de dona –assistíem al *vernissage* d'una jove pintora l'obra de la qual Duby admirava– i el primer nom que va pronunciar, amb un somriure còmplice, va ser Maria Girona: «*Une artiste éblouissante et discrète.*» Potser sense voler-ho, el perspicaç historiador, avui lamentablement desaparegut, havia fet una definició justa i elegant de l'obra pictòrica de Maria: un desplegament radiant de color ordenat sòbriament en figuracions senzilles.

Conec Maria d'antic i l'he vist retornar a vells temes amb la neta il·lusió de qui assoleix per primera vegada un inesperat èxit formal. Recordo algunes obres seves i puc evocar amb facilitat la meva impressió inicial: *Tulipán y rayas,* 1997, per citar un exemple recent. El motiu, la flor, es perfila esquematitzat i concís en blau, sobre un fons groc solcat d'insegures línies d'un gris marí. Quatre punts blancs marquen l'espai sense altre objectiu aparent que el seu contrapès cromàtic, res més. En efecte, Maria Girona treballa amb uns limitats recursos temàtics que administra amb exigent destresa visual des de sempre: la naturalesa fantasiejada amb una imaginació depurada pel temps. Perquè, com demostra la seva extensa obra, la naturalesa és per a la pintora una seqüència escollida de signes sensibles, convertits en experiència plàsti-

* Text d'homenatge a Maria Girona en els seus cinquanta anys de pintura. Galeria Rene Metras, Barcelona, primavera del 2000.

ca a través d'un llenguatge gestual de traços essencialistes i sintètics.

El dibuix fa descobrir a Maria un ordre en la naturalesa que reinventa després en sorprenents composicions cromàtiques. Es tracta, per dir-ho d'alguna manera, d'una recuperació del *motif* d'admiració cezanniana de qui la nostra pintora extreu un doble aprenentatge. Per una part, una certa geometria bàsica que l'ajuda a puntuar l'obra en apressades línies mestres, a construir-la més aviat, per parlar amb precisió, suggerint-li l'equilibri compositiu que després accentuarà el color com a forma cardinal de la representació. Per l'altra, una gradació de colors en pla, de controlada densitat de pigment i forta càrrega emotiva.

A les obres madures de Maria Girona –per fortuna pot fer gala sense exageració de cinquanta anys continuats de fidelitat pictòrica– la llum adquireix un protagonisme creixent en l'escena plàstica, suaument contingut per la força dels perfils lineals. La llum és sempre zenital –eludeix el focus lumínic estrident que desorienta la mirada de l'espectador– i subratlla a penes els tènues traços expressius que potencien la intensitat de la construcció. La naturalesa, el motiu s'han transformat d'aquesta manera en un món d'art amb vida pròpia, en un llampec fictici i actiu que escapa dels límits del quadre i ens imprimeix la seva visió. La senzillesa aparent de la pintura de Maria ens fascina des del primer moment: àgils petges de color sobre una superfície tenyida de llum serena.

Convé insistir sobre la dada: rigor i lleugeresa són les nocions que vertebren la geometria interna del projecte constructiu de l'artista. L'estratègia formal que regula el desplegament visiu. Però tornem a una altra pintura també recent: *Fruiter blanc* del 1998. És un quadre gran –100 x 100 cm– pels formats de la pintora. En aquesta ocasió l'autonomia del blanc pren l'espai plàstic, l'esgota quasi, en gran part, i exigeix una composició concèntrica que magnifica l'efecte visual: les fruites són subtils pinzellades tonals en contrapunt sobre un fons de colors complementaris.

Lleument esbossats, breus tiges blaves sostenen punts de color –vermell– que es fan flors. La pintora deixa el *rumor de les coses* a l'arbitri del color, i la llum afegeix vitalitat a l'instant creatiu en la superfície pictòrica. Maria convoca un inventari personal de formes que creen belles associacions sensibles.

Tothom sap que la percepció de la bellesa constitueix l'argument de l'estètica substantiva. L'esteta anglohispà Santayana, per recórrer a un model clàssic, suggereix que la percepció de la bellesa, com la d'altres qualitats estètiques, es caracteritza per ser independent de la voluntat i independent també del coneixement. Es tracta així d'una percepció immediata, que fins i tot ens atreviríem a qualificar d'innata. Una percepció que temptativament podríem anomenar sensorial. Però no és així. Les característiques que la percepció de la bellesa pot compartir amb altres sentits funcionen d'una altra manera. Una cosa és bella, i el criteri sembla acceptable, no perquè aparegui així, no perquè reflecteixi en la seva forma alguna mena de llampec ideal. Perquè algun objecte resulti bell s'ha d'actuar sobre ell i doblegar-lo a la voluntat d'una representació artificiosa –cultural, per descomptat– orientada per les regles de l'art.

Des d'aquest punt de vista, doncs, la pintura de Maria no és la mera evocació instantània d'un moment de la naturalesa. Tampoc el resultat d'un programa figuratiu controlat i eficaç. Respon també a la resistència o ductilitat dels materials utilitzats, al magnetisme de pigments i grafits, a l'atzarosa saturació dels colorants i dissolvents. A les argúcies, en suma, del vell ofici de pintar. Es tracta una vegada més d'obtenir de la matèria una resposta als imperatius expressius de l'artista, però també de tornar a les velles imatges detingudes en la història de l'art amb una mirada nova i original que l'activi des del nostre temps. A *Flor blanca*, 1998, els pètals d'una flor imaginada es juxtaposen en negre i blanc sobre un blau de lapislàtzuli que tallen dues línies ondulades. El món de les sensacions sensibles és per a Maria un univers de sorpreses.

Com una experimentada realista, Maria és escèptica davant qualsevol iniciativa simbolista que transfereixi la identitat de l'obra a un llunyà horitzó transcendent. Pren del seu entorn els estímuls sensibles que despertin una nova associació formal i els recrea amb el llenguatge de la seva fantasia. Una audaç idea de bellesa que William Blake descriu quasi lapidàriament,

To see a World in a Grain of Sand
And a Heaven in Wild Flower
Hold Infinity in the palm of your hand
And Eternity in an hour.

Percebre el món en un granet d'arena!

Dibuixar amb la mirada*

«Qualsevol mena de coneixement arrenca del sentiment», reiterava en el llindar de l'edat madura Leonardo da Vinci en els seus *Aforismes*. Efectivament, sembla que amb el temps l'artista tendeixi a sintetitzar les seves capacitats formals, la seva destresa com a tal, i a recompondre en un breu esbós els signes que han caracteritzat el seu itinerari imaginatiu. El vell Matisse –tenim el testimoni excepcional de Françoise Gilot– retallava capricioses formes de trossos de paper, acolorit amb guaix, i els recomponia seguint una harmonia nova, mitjançant un exercici que anomenava irònicament «dibuixar amb les tisores». Més tard ajustava aquests fragments segons un ordre de proximitats que mostrava una renovada –i sovint més potent– significació artística. Finalment, servint-se d'una llarga canya de bambú, tenyida de sanguina, ajustava els trossos de paper sobre un fons neutre en què configurava, reconstruïdes, diferents associacions cromàtiques i formals.

L'obra recent de Ràfols-Casamada torna a les velles volences d'antany i estableix un diàleg enriquidor –si es mira bé, mai no interromput– amb el consistent llegat noucentista que ha orientat des de sempre el seu procés artístic. Un llenguatge rupturista, però d'intenció formalitzadora per descomptat, que sura sobre l'ancoratge classicista que ha definit des dels anys de formació la investigació visual de l'artista. Però una fidelitat noucentista que, des d'un punt de vista estètic, reclama equilibri i composició i

* Text llegit a la presentació dels dibuixos de Ràfols-Casamada. Barcelona, MACBA. Primavera del 2001.

evita en tot moment l'evocació, la nostàlgia figurativa d'empremta simbolista. Una mena de classicisme de declarada complicitat cultural que assimila els vells mestres de la modernitat hispànica –particularment Picasso, els coloristes de París i el lirisme abstracte–, però que es decanta sense dubtar per aquella tradició d'allò nou que no coneix fronteres ni respecta la rutinària i restrictiva servitud dels gèneres. Matisse, de vegades eloqüentment, se sobreposa a Mondrian, els neoplasticistes predisposen la creativa recepció del cromatisme estètic de Rothko...

En la seva admirable etapa de maduresa artística, Ràfols-Casamada malda per la cerca d'un art essencial que assimila el classicisme conceptual i matisa l'històric. L'artista pondera imaginativament el constructivisme eficaç i didàctic de Torres i García i aposta, en conseqüència, per la senzillesa, la claredat i la mesura. Un art que neix de la realitat, en efecte (Ràfols és un mediterrani convicte), però de la realitat construïda sàviament des de l'artifici de l'art, a través de la lliure associació de moments *formals* en una seqüència estètica innovadora que solidifica en l'obra d'art acabada.

A l'espai reconstruït –recompost, m'atreviria a dir– del quadre Ràfols tracta de captar «la imatge de la realitat metafòrica, harmonitzada del lliure moviment de les formes a l'espai plàstic», segons confessió recent. L'artista ens mostra als seus dibuixos primigènies formes noves, nuclears, que construiran el nexe integrador que definirà la Forma com a signe sensible distintiu del seu art. La forma, així, entesa com el derivat conscient d'una gamma reduïda d'elements plàstics cardinals que actuen sobre l'espectador a través de l'ombra: ombreig, textura, traç. L'ombreig tempera la rigidesa de les textures que protagonitzen el desplegament expressiu del complex visual. El traç imposa l'empremta, la petjada personal de l'artista i dissol la sequedat conceptual de l'endevinalla visual, marca amb intensitat potser no desitjada l'estat anímic de l'home que actua sobre la matèria: l'artista.

No obstant això, la geometria, el pur equilibri volumètric i expressiu del conjunt sensible, no és mai, o almenys no ho és exclusivament, la finalitat última de l'obra d'Albert Ràfols. L'artista ens dóna la clau d'aquest arriscat exercici de formalització: «L'espai que observo s'estructura en una successió de plans quasi horitzontals.» Aquest espai, tan nítidament determinat, imposa a l'artista un ritme dorsal que la línia i el pla transfiguren en profunditat visual. El dibuix esdevé línia trencada o es converteix en el vector central que recupera la sensació de ritme intern i matisa la nova ordenació expressiva del complex plàstic.

Al llarg d'aquest procés d'experimentació formal, el projecte inicial –figuratiu o abstracte– es transfigura i canvia en funció de l'harmonia interna que exigeix l'espai compositiu. La presència exterior es difumina per interioritzar-se en el joc de formes que l'artista utilitza per *construir* el seu nou món d'art, però aporta, tot i així, la seva materialitat, la seva factura i eficàcia sensibles com a accessori anivellador dels desajustos perceptius provocats per la mirada omniscient de l'artista, que dinamitza les *coses* en formes.

Poussin és potser l'únic artista de disciplina clàssica que s'ha estès, amb generositat inhabitual per al seu temps, en els motius del pintor i ens ha descobert els principis d'exposició que han d'orientar el procés pictòric. Sembla fonamental, pel que escriu, l'*elecció del mode.* Es tracta ara d'adaptar al «pensament» del pintor no solament els personatges, sinó particularment els elements plàstics mateixos. L'artista, subratlla Poussin, ha de triar-los en raó del que pretengui fer sentir a l'espectador: la proporció formal, els ritmes, l'arabesc... «No sóc d'aquells que en cantar es pleguen sempre a un mateix to... jo sé variar segons el que veig», confessa a Chantelou el 1647.

Una manera antiga de fer art nou, ben mirat.

II

Amb el gest optimista que correspon als dies que corren, m'atreveixo a pensar que el museu del nou mil·lenni acabarà essent plural i integrador, equidistant de les dues polaritzacions que apunten a desvirtuar els espais d'art tradicionals: el museu estrella, espectacular i efectista, que intervé amb la simple força de la seva arquitectura en la interpretació de la sensibilitat moderna, i el museu efímer –com ironitzava Francis Haskell–, que queda tancat en la grandiloqüència d'una successió de mostres temporals, encavalcades amb la celeritat que exigeixen els programes vigents. Un catàleg més en el prestatge de saldos virtuals.

Hi ha indicis raonables, no obstant això, que en aquest desplegament espacial expositiu sempre hi haurà un racó per a la silenciosa presència de l'art sense temps, d'un gènere oblidat per les modes historiogràfiques en voga, o per a una insòlita i sorprenent juxtaposició aclaridora que tiri per terra normes i formes convencionals. I aquí és on sembla que el dibuix troba, finalment, el seu lloc natural de manifestació, l'espai per al desenvolupament de la seva singularitat estètica com a gènere artístic de tradició arcana. El paper ha estat sempre, fins i tot en societats de finíssima sensibilitat estètica i nul·la tradició històrica, el suport preferit de l'artista: lleuger i assequible, disposat a totes les experiències expressives i privilegiat transmissor intuïtiu de les seves contradiccions conceptuals i perceptives.

Per sort, sembla que el dibuix adquireix la significació estètica que mereix, i nombroses mostres coincideixen en la seva reivindicació actual. A Chicago, el Museu Universitari Smart reprèn l'estudi del dibuix modernista alemany primerenc, en una mostra diligent que vaig poder veure al passat mes de gener. El Courtland Institute de la Universitat de Londres recorre al dibuix per explicar el signe plàstic fugaç de l'impressionisme, i fins i tot durant la tardor novaiorquesa un col·loqui a la Frick Collection restituïa al dibuix el protagonisme i la complexitat que exigeix la percepció sensible contemporània. De fet, ni tan sols en els moments més audaços de l'objectivisme en l'evolució formal de l'art contemporani, el dibuix no ha deixat de mantenir la seva antiga fascinació. Si durant els anys setanta, en tendències tan actives com el grup *Supports / Surfaces*, la investigació plàstica arrencava de l'estudi dels materials, la textura, el color, la duresa, el valor sensible del fragment matèric, en una paraula, avui es torna al paper amb idèntiques preocupacions. És el mitjà òptim per a l'expressió directa, sense mediacions, d'una intuïció formal. Michaux –i és un exemple definitiu– ha aprofundit la relació dibuix / escriptura per a demostrar que l'estètica surrealista era alguna cosa més que «paraula decorada». Beuys ha anat més lluny: «El dibuix és el primer signe afirmatiu de l'originalitat de l'artista –a partir d'un breu traç es desenvolupa un nucli conjuntural que acaba convertint-se en un món d'art eficaç i comunicatiu. A segle passat, acabarà tenint raó Santayana. Sostenia que els cirteris de l'art partien de dos supòsits que havien de complementar-se: el que és bell per a un, sembla absurd que ho sigui per a tots; en conseqüència, el «test de veritat» de l'art exigeix que una noció consensuada de bellesa passi pel sedàs apreciatiu del gust del crític millor preparat.

He escrit en un altre lloc que a Matisse, l'obsessionava el dibuix. «Us he mostrat els meus dibuixos per aprendre a representar un arbre, com si mai no n'hagués representat cap. El veig des de la meva finestra: la massa de l'arbre, després l'arbre mateix, el tronc, les branques, les fulles... L'arbre és també el conjunt d'efectes que em desperta... El signe de l'arbre. El punt de coincidència de les meves emocions en ell.» Efectivament, les fulles de l'arbre poden ser tractades per qualsevol artista. Els grans pintors ens han donat la seva lliçó. Claude Lorrain, Poussin, han inventat la seva manera d'expressar les fulles, d'imposar-los el seu llenguatge personal: han construït una tradició de mirades. Bé, però hem d'imitar els xinesos, com volia Mallarmé, i trobar nous signes que demostrin la capacitat imaginativa de l'artista i ens obliguin a mirar els arbres, les fulles, amb una atenció distinta, que multipliquin el signe fulla en la percepció sensible de l'espectador.

III

En el nostre temps de sobresaturació visual, de reiteració imaginativa, es percep amb claredat que la importància d'un artista es mesura amb relació a la quantitat de signes nous que és capaç d'imposar en el llenguatge plàstic, en la gramàtica de l'art que ha fet pròpia. Veiem així fulles «de» Matisse, «de» Picasso, en les quals la transposició il·lusòria del naturalisme tradicional no compta per res. S'imposen com a fulles d'artista.

Ràfols-Casamada afirma en el seu *Diari* (novembre del 1975): «Una pintura no és mai una suma de detalls, sinó una unitat total. No crec en el bon fragment d'un quadre mediocre... el que compta és la qualitat: alguna cosa que està en funció de l'originalitat de la visió, la coherència formal, l'adequació de matèria i idea.» I incideix amb agudesa encara més gran (desembre del 1975): «Cal anar més enllà de la superfície, de la decoració. Cal treballar en profunditat, encara que la pintura sigui una superfície plana recoberta de colors... i el dibuix una provocació del grafit sobre el paper blanc. Únicament endinsant-se en aquesta profunditat –del color, de la matèria, de la forma– s'aconsegueix donar pes, densitat i vibració a l'obra. Fer de l'objecte-pintura un objecte diferent. Aquesta diferència és l'art.»

El creador activa, treballa un material expressiu del qual coneix les propietats. I, fins i tot –penso en Tàpies, per cenyir-me a la generació de Ràfols–, de vegades les ignora intencionadament per descobrir el màxim de les seves possibilitats formals. L'artista experimenta amb el llapis o el pinzell sobre la superfície rugosa, dúctil o resistent a la pressió de la mà. La seva acció es converteix així en un exercici de tacte, de perfecció de les diferents gradacions i textures que descobreixen l'orografia de la nova superfície plàstica.

El dibuix i la intervenció sobre el paper requereixen un mètode equilibrat que delimiti i subjecti el lliure fluir gestual. O bé, que desenvolupi en trames textuals atzaroses aquest fluid matèric –el grafit– fins a transformar-lo en el nucli d'una nova projecció formal. La dialèctica apropiació i còpia, originalitat i reproducció, adquireix traços nítids en Giacometti: «*Tout doit venir du dessin.*» Compareu –és un altre exemple–, com a simple exercici visual, el traç continu que defineix les àgils figuracions de Matisse i el caos aparent de traceries superposades d'on emergeix el nucli expressiu que construeix els apunts de Kokoschka –i és un tercer exemple–, sensible a les marques i irregularitats del suport. Per no parlar del difuminat equilibrador i volumètric de Lipchitz, excel·lent grafista, sempre alerta en el domini de les ombres.

Louise Bourgeois ha mostrat recentment els dibuixos –més de dos-cents–, realitzats en 1994-95, que ompliren les seves nits d'insomni. Dibuixar era per a l'artista, en aquell moment acompanyar un temps de solitud, omplir aquestes hores de son prim de vells fantasmes i nous afectes entre la consciència i l'oblit. En ells es «transfiguren els grans temes del treball diari: l'aigua, les muntanyes, els arbres, les coses diàries». Bourgeois dibuixa –capta, fantasieja– tot el que cau a les seves mans sobre qualsevol paper: ratllat, net, usat –fins i tot alguna vella factura serveix de suport per als seus somieigs executats d'una manera quasi automàtica, amb llapis vermell o blau, en grafit–, fets que s'entrellacen amb els vells motius visuals. També com en Giacometti, els dibuixos geomètrics i abstractes de Bourgeois evolucionen a partir d'un nus central que es planteja com un «problema per resoldre» mitjançant la construcció formal.

El dibuix, com podem veure, estableix un joc de resistències entre la pressió expressiva i l'aridesa de l'utillatge tècnic. L'economia de gestos regula intencionadament l'acció de marcar: la gènesi de les formes es percep com un procés de relacions la intensitat del qual és donada pel seu propi desenvolupament i s'escapa de qualsevol altra denominació, estilística, narrativa o diferencial. La dinàmica formal ocupa totalment l'espai sensible. La seva força condiciona el resultat de l'obra. Ràfols-Casamada ho ha formulat en el seu *Diari* amb una precisió admirable (juliol del 1977): «La realitat de l'obra d'art és la seva realitat plàstica. El que s'entén per realisme és una qüestió d'aparença. Una poma dibuixada no serà mai una poma de veritat, per descomptat... Ara bé, la imatge pot explicar moltes coses, ens pot descobrir aspectes de la realitat que normalment se'ns escapen, fixar l'aparença, fer immutable allò que precisament és mutable. Aquest art relacionat amb la percepció de la realitat no és, en ell mateix, més real que l'art que intenta donar essencialitats pictòriques.»

Torno a fer servir uns vells exemples que considero diàfans per visualitzar el tema. El genial Twombly deriva els components figuratius cap a un feix de grafismes fàcilment identificables. Les formes plàstiques es transformen en elements dramàtics que dominen l'espai sensible. Les obres es defineixen com a purs suggeriments que concloen als límits exactes del quadre: signes al·lusius o, si es vol, escriptura sense més.

Els dibuixos primerencs de Beuys són els d'un hereu desdenyós de la filosofia romàntica de la naturalesa, que a més ha perdut el respecte sacre que, pel que sembla, ha d'impregnar tota acció pictòrica, per petita que sigui. Ha estat alliçonat pel dadà, i ha esdevingut un profitós intèrpret de Duchamp: el significat de l'obra és responsabilitat de l'obra mateixa, les seves interpretacions prolonguen en el temps la capacitat d'intervenció. No obstant això, els treballs gràfics de l'artista configuren una de les obres més expressives de la nostra època i mostren sense paraules que la força comunicativa, la seva única potència estètica, resulta de la màgica contaminació dels materials.

Kiefer, en canvi, és el mestre de la concisió expressiva. Explora com ningú en la seva generació les possibilitats simbòliques i energètiques dels materials: «assemblatge», «poverisme», són a l'arrel de la seva activitat. Però amb l'ambigüitat i la imprecisió necessàries per transformar-se en qualitats pictòriques, entre l'espontaneïtat i el materisme gestual i efectista. Es tracta de paradoxes conceptuals amb pretensions de representació, per emprar un criteri prudent. Comptat i debatut, matèria i naturalesa com a representacions indissociables.

Kounellis ha suggerit, al meu parer exageradament, que l'ofici de pintor és la visió. La pintura quedarà amb prou feines com a mera tècnica, mentre que la visió –l'obra d'art– serà el resultat més acabat de la imaginació. Potser no calen abstraccions tan extremes. La visió es manifesta en realitat sensible mitjançant un equilibri de formes o estructures formals que traduïdes a estils o llenguatges codificats vigilen la història de l'art. O, simplement, són mons formals que constitueixen sens dubte la cultura visual d'una època, sigui o no la nostra.

Els dibuixos de Ràfols es refermen en superfícies esbossades per mitjà de traços breus, noves emocions formals que permetran la construcció en contrapunt de motius diversos, coordinats en un àmbit eteri com subtils signes de cal·ligrafia xinesa. El seu efecte, l'equilibri de tensions formals, ha de configurar «el pes», la densitat de l'espai plàstic. Un equilibri que tan sols remotament evoca el món de les coses, de la realitat de l'entorn. Un art que aspira a «suggerir més que a presentar; fer present més que figurar, configurar més que detallar». Un art que s'obstina a construir –paraula màgica– de dins cap a fora. Perquè per al nostre artista dibuixar vol dir simplement ordenar les formes i desplegar-les en l'espai plàstic. Com diu al juny del 1979: «Portar a la realitat (la realitat de l'obra) un sentiment o una idea (o sentiment i idea) que maldaven per articular-se, per objectivitzar-se, per prendre forma.»

El dibuix fon obra i vida. Grata empremtes rigoroses o dubtoses que esvaeixen seques configuracions formals, transformades en signe de nova identitat en una obra d'art encara emergent. En un text fascinant («L'esperança de la tinta») Michel Butor ha trobat la clau d'aquest enigma creatiu: «Carbonets, retalls i *collage*, empremtes de dits, estrips, ja estan en camí anant i venint pels turons, pels caps, pels 'finisterres', pels trencants i pels esculls com pàlides espirals per aquí i per allà com remolins de fina neu que voletegen enduts pel vent, una successió d'ondulacions del terreny que es tornen borroses ràpidament i es pleguen a l'horitzó...» Temps enrere ja ho havia copsat com ningú William Blake: «Aquell qui no veu una llum més clara i millor que la dels nostres ulls peridors, aquest no veu res.»

ÍNDEX ONOMÀSTIC

ÍNDEX